A CRISE BRASILEIRA E O
PROJETO POPULAR PARA O BRASIL

SECRETARIA NACIONAL PROJETO BRASIL POPULAR

# A CRISE BRASILEIRA E O
# PROJETO POPULAR PARA O BRASIL

1ª Edição

EXPRESSÃO POPULAR

São Paulo, 2022

Copyright © 2022 by Editora Expressão Popular

*Equipe de Síntese*
Ronaldo Pagotto (coordenador)
Dafne Melo (editora)
Rafael Tatemoto (redator)
Teresa Maia (Secretaria Nacional Projeto Brasil Popular)

Preparação: Cecília Luedemann
Revisão: Aline Piva e Lia Urbini
Capa e diagramação: Mariana V. de Andrade
Ilustração da capa: Elifas Andreato
Impressão e acabamento: Cromosete

Dados Internacionais de Catalogação-na-Publicação (CIP)

C932    A crise brasileira e o projeto popular para o Brasil / Secretaria
Nacional Projeto Brasil Popular ; Ronaldo Pagotto (coordenador)
-- 1.ed.-- São Paulo : Expressão Popular, 2022.
104 p.

ISBN  978-65-5891-072-5

1. Projeto Brasil Popular. I. Pagotto, Ronaldo.
II. Secretaria Nacional Projeto Brasil Popular. III. Título.

CDU 304(81)

Catalogação na Publicação: Eliane M. S. Jovanovich - CRB 9/1250

Todos os direitos reservados. Nenhuma parte deste livro pode ser utilizada ou reproduzida sem a autorização da editora.

EDITORA EXPRESSÃO POPULAR
Rua Abolição, 197 – Bela Vista
CEP 01319-010 – São Paulo – SP
Tel.: (11) 3112-0941 / 3105-9500
expressaopopular.com.br
livraria@expressaopopular.com.br
www.facebook.com/ed.expressaopopular

# SUMÁRIO

AGRADECIMENTOS ....... 7

APRESENTAÇÃO ....... 9

INTRODUÇÃO: O BRASIL PRECISA DE UM PROJETO POPULAR ....... 13

1. A ATUALIDADE DA CRISE BRASILEIRA ....... 17

A) Elementos estruturantes e históricos da crise ....... 17

B) Elementos contemporâneos da crise ....... 39

2. O BRASIL COM O QUAL SONHAMOS ....... 53

A) Desenvolvimento econômico com igualdade ....... 60

B) Um Estado democrático e com soberania popular ....... 71

C) Garantia de direitos, igualdade e diversidade ....... 86

3. ORIENTAÇÕES PARA O DEBATE DO
PROJETO BRASIL POPULAR ....... 101

# AGRADECIMENTOS

Agradecemos aos companheiros e companheiras que integraram a Coordenação Política Nacional e a Coordenação dos Grupos de Trabalho do Projeto Brasil Popular: Alisson Sampaio, Ana Penido, Anivaldo Padilha, Antônio Escrivão Filho, Artur Henrique, Augusto Cezar Dal Chiavon, Beatriz Barbosa, Cássia Damiani, Clair Hickmann, Celso Carvalho, Cleber Buzatto, Darlan Montenegro, Dari Krein, Denise Carreira, Edna Castro, Eduardo Fagnani, Ermínia Maricato, Evaristo Almeida, Euzébio Jorge, Fernando García, Flávio Jorge, Frederico Santana, Gilberto Cervinski, Igor Felippe, João Brant, João Pedro Stédile, Jonas Duarte, José Antônio Moroni, Juliane Furno, Ladislau Dowbor, Laerte Fedrigo, Luiz Zarref, Luiz Antônio Elias, Marcelo Manzano, Márcio Pochmann, Maria do Socorro Pirâmides, Marilane Teixeira, Miguel Jost, Natalia Neiva, Neuri Rossetto, Olimpio Alves dos Santos, Olívia Carolino, Paula Ravanelli, Paulo Gil Intronini, Paulo Mariante, Pedro Rossi, Roberto Amaral, Ronaldo Pagotto, Frei Sérgio Gorgen, Sérgio Haddad, Tadeu Oliveira, Tádzio Peters Coelho, Tatiana Berringer, Thiago Silva, Vera Malaguti.

Agradecemos também aos companheiros e companheiras que contribuíram com a leitura crítica e com o aprimoramento da versão final deste texto: Diana Jaqueira, Elisa Maria Lucena, Gleisa Campigotto, Leonardo Severo, Luana Carolina, Márcia Carolina e Thays Carvalho.

Durante os anos de construção contínua do Projeto Brasil Popular, contamos com a importante colaboração em debates e formulações de estimados companheiros que já faleceram: Amir Khair, François Houtart, Luiz Pinguelli Rosa, Walkimar Reis Fernandes (Joaquim Pinero), Sued Castro Lima, e também com a solidariedade e a generosidade de Laura Andreato, filha do artista Elifas Andreato, que gentilmente autorizou que utilizássemos uma de suas belíssimas ilustrações para a capa desse livro.

Deixamos registrada aqui nossa homenagem e agradecimento a esses e tantos outros homens e mulheres que se dedicaram a construir um Projeto Popular para o Brasil.

# APRESENTAÇÃO

O presente texto é o resultado de um trabalho coletivo e um esforço de síntese dos acúmulos do Projeto Brasil Popular. Esta é uma formulação conjunta elaborada a partir dos debates realizados em mais de cinco anos, organizados em quatro eixos temáticos e 31 grupos de trabalho (GTs) com centenas de pessoas envolvidas e muitos espaços de reflexão conjunta. Mas o que apresentamos aqui não é o Projeto Brasil Popular a ser assimilado e conhecido. É um ponto de chegada, mas também um ponto de partida.

O roteiro que aqui apresentamos concentra-se em temas gerais e nacionais, em razão da necessidade de sistematizar e produzir um texto que pretende ser uma síntese. O foco não foi detalhar aspectos mais específicos, regionais ou locais. Um olhar mais detalhado sobre cada tema pode ser encontrado nos Cadernos para Debate dos 31 grupos de trabalho organizados em quatro eixos temáticos e disponibilizados na página eletrônica do Projeto Brasil Popular.

Nesse sentido, reafirmamos que esta síntese é fruto de um processo que não pretende ser conclusivo. Mesmo reunindo centenas de lideranças de movimentos populares, sindicais e partidos políticos, professores/as, intelectuais e pesquisadores/as que são referências em diversos temas, e ainda que tivéssemos feito um trabalho perfeito, ainda teríamos muito a fazer. Acreditamos que um debate como esse precisa ser parte de um método dialógico que só poderá florescer com um intenso percurso de debates em cada localidade, movimento, escola, faculdade, centro acadêmico, acampamento, assentamento, bairro, comunidade, igreja, terreiro, paróquia e em todo espaço com pessoas dispostas a debater o Brasil, seus problemas e desafios.

Apesar do esforço de sintetizar aqui os acúmulos gerais e coletivos, não devemos nos contentar com o que foi alcançado até agora. Essa é uma contribuição para o debate e não um texto com um projeto pronto. Na primeira parte, abordaremos a atualidade da crise brasileira como parte de um diagnóstico geral dos problemas de nosso país. A segunda parte apresenta caminhos para a superação dos graves problemas atuais, mas não se limita a apenas resolver a crise do nosso tempo, trazendo um conjunto de questões que podem guiar estudos, debates e lutas por um Brasil que temos que construir. As propostas, portanto, não estão circunscritas à crise atual, mas também apontam para dilemas históricos como a dependência econômica e política, a violência generalizada, a superexploração do trabalho, a desigualdade social e a enorme concentração de renda, o racismo, o machismo, o ataque aos direitos humanos, sociais e políticos e o caráter antinacional, antipopular e antidemocrático da classe dominante nacional.

Este material, portanto, é coletivo e resultado de um processo. No entanto, sem a colaboração de pessoas muito especiais não teria sido possível concluí-lo. Agradecemos aos integrantes da Coordenação Política Nacional do Projeto Brasil Popular, pois sem essas contribuições este trabalho não teria a mesma qualidade. Ainda assim, as responsabilidades por lacunas, limites, insuficiências e demais questões podem ser atribuídas ao processo de construção do Projeto Brasil Popular.

Que façamos desse caminhar sobre os problemas brasileiros e as propostas de superação uma intensa jornada sobre nós mesmos, nossa história, cultura, resistências e que esse caminhar permita o florescer de muitas contribuições, olhares e pertenças.

Só um projeto coletivo, construído pacientemente, envolvendo e respeitando a diversidade dentro do campo democrático e popular que tenha no horizonte que só o povo será capaz de libertar o povo poderá plantar as transformações que precisamos colher. Que o Projeto Brasil Popular seja a materialização dos acúmulos coletivos e da força social das amplas maiorias desse país. Em movimento, ocupando as ruas, contribuindo com os debates e se colocando como uma construção para enfrentar os grandes e profundos problemas brasileiros. Que esse material seja um ponto de chegada e um novo ponto de partida para debates necessários e urgentes sobre o Brasil que temos e o Brasil que precisamos.

Bom estudo e viva o Projeto Brasil Popular!

*Ronaldo Pagotto e Teresa Maia*
*Secretaria Nacional Projeto Brasil Popular*

# INTRODUÇÃO: O BRASIL PRECISA DE UM PROJETO POPULAR

Há uma ideia antiga de que o Brasil seria o país do futuro. Entretanto, não enfrentamos, ainda, o caminho necessário entre o que temos – o Brasil de hoje – e o tal Brasil do futuro. Assim, fomos convocados a articular uma reflexão sobre nossa realidade e o país que precisamos no processo de debates do Projeto Brasil Popular. Antes de propor um conjunto de ações, proposições e questões de ordem prática, é preciso promover uma reflexão profunda: o futuro deve ser uma continuidade do presente? Os problemas históricos do Brasil devem ser assimilados como uma característica ou uma identidade nacional?

Temos um país com dificuldades de lidar com seus dilemas, dívidas sociais e históricas. Seguimos ao sabor do incerto e das definições tomadas de fora e por aqueles sem qualquer interesse e compromisso com o povo brasileiro. É preciso que isso fique mais claro: um país que não enfrenta seus problemas e não pensa seu futuro reflete o que é definido e pensado pelas classes dominantes – que, no caso brasileiro, trata-se de um reduzido grupo de ricos e milionários subordinado às grandes potências[1] –, pelo sistema financeiro,[2] pelas grandes empresas transnacionais etc.

Somos um país que não realizou, ao longo de sua história, reformas progressistas para resolver os grandes problemas sociais,[3] o que

---

[1] Países com grande capacidade econômica, influência cultural e poderio bélico.

[2] Conjunto de instituições, nacionais e internacionais, que vivem da acumulação por meio das finanças, ou seja, de capital fictício. Secundariamente, uma série de órgãos transnacionais que respaldam os interesses destes atores.

[3] Aqui entendidas como reformas de caráter democratizante, do ponto de vista econômico ou político, que tenham como objetivo a superação de nossa condição de "atraso".

poderia nos colocar no caminho do desenvolvimento. Tampouco as reformas nos marcos do republicanismo e do próprio liberalismo (reforma agrária, reforma urbana, democratização do acesso à educação superior pública e tantas outras). Ao contrário, sempre tivemos abundante "oferta" de contrarreformas recessivas: medidas, chamadas de reformas ou de outros nomes mais simpáticos, que agravam os problemas e aumentam a exploração. Por aqui a classe dominante não esconde o caráter antidemocrático, antinacional e antipopular e, se esse povo não tomar a história nas mãos, o futuro para ampla maioria corresponderá à célebre frase de Millôr Fernandes: "o Brasil tem um enorme passado pela frente". Isso se esse povo não tomar a história em suas mãos.

Ao mesmo tempo, os setores conservadores se esforçam também para atacar as limitadas conquistas populares do passado. Para agravar esse quadro, vivenciamos um período ainda mais difícil desde o golpe contra o governo da presidenta Dilma Rousseff, em 2016, que teve como objetivo principal aprofundar as contrarreformas neoliberais e a retirada de direitos. Com essa ofensiva sobre as conquistas históricas do povo, as nossas lutas, bandeiras e propostas nesse período – e até hoje – se concentram em defender o restabelecimento das condições anteriores, anulando as reformas desfavoráveis. Resumidamente, a nossa resistência à ofensiva sobre os direitos e os interesses da ampla maioria do Brasil tem resultado em um período defensivo com vistas a anular as medidas antipopulares.

A reflexão sobre um Projeto Nacional deve partir desse quadro geral para enfrentar dois desafios centrais: 1) construir uma sistematização sobre a realidade brasileira atual, que é uma condição para construirmos um entendimento comum; e, 2) a partir deste, refletir sobre as mudanças de curto, médio e longo prazo que o Brasil necessita para que o futuro não seja a continuidade do presente ou, ainda pior, do passado.

Precisamos ter uma compreensão coletiva dos problemas históricos, dívidas sociais e grandes desafios para construirmos caminhos e enfrentarmos nossos problemas. Um projeto não se resume a isso, mas essas duas partes (a compreensão da realidade e a elaboração de um caminho para transformá-la) são essenciais. É necessário que essas reflexões coletivas se tornem ideias-força e disputem a sociedade com uma interpretação do Brasil e seus desafios.

Para que isso aconteça, o projeto deve ser uma expressão de nossa resistência e de nossa capacidade de sonhar. E deve identificar os desafios concretos que estão colocados, fazendo com que as propostas sejam capazes de orientar nossa ação para que tenhamos conquistas reais. Só assim caminharemos para construir de fato um Projeto Popular para o Brasil: com lutas, agitação e propaganda, enraizamento dos debates em todos os lugares, coletivos e espaços vivos da política brasileira para juntos e juntas conhecermos mais o Brasil e fortalecermos ainda mais a convicção da necessidade de transformá-lo profunda e radicalmente.

Mais uma observação sobre os desafios que compartilhamos neste material é sobre o referencial de sociedade que queremos. Não podemos pensar um Projeto Popular para o Brasil que trate a natureza como mera *commodity* agrícola e mineral que está disponível para uma gestão inconsequente e irresponsável. Não devemos pensar nos nossos problemas seculares como o patriarcado, o racismo, o convívio com a enorme desigualdade e a violência em números só comparáveis a países em guerra, como parte da nossa identidade, cultura ou tradição. Sem uma proposta que identifique e apresente caminhos para enfrentar esse quadro não construiremos um Projeto Nacional, muito menos Popular.

Nosso compromisso com o respeito às futuras gerações exige uma posição muito consequente com o tratamento dos problemas ambientais da atualidade. Assim, acreditamos que desenvolvimento não é a busca por um caminho que reproduza o percurso das nações desenvolvidas, mas sim um desafio que deve conjugar soberania nacional (alimentar, energética, sanitária, territorial, militar etc.), geração de trabalho e renda, sustentabilidade ambiental, democracia radical e o combate às desigualdades, criação de sólidas bases científicas e educacionais, bem como o enfrentamento concreto ao racismo, à discriminação das pessoas LGBTQIA+, ao patriarcado e ao machismo. Nosso projeto deve, portanto, articular a referência política da sociedade que queremos a partir dos desafios históricos brasileiros. E é importante repetir: não há um caminho predefinido ou modelo a ser copiado, mas uma construção a partir da nossa cultura, forças sociais e condições naturais.

Por fim, um projeto só tem sentido se, além de se converter em fomento para o debate de ideias, também ajudar as maiorias sociais do Brasil, os/as trabalhadores/as urbanos e rurais, os/as sem-terra, pequenos/as e médios/as camponeses/as, populações ribeirinhas, pequenos/as proprietários/as urbanos/as, pescadores/as, a juventude pobre, indígenas, a população negra e LGBTQIA+, as mulheres (sobretudo as mais pobres), ou seja, *o conjunto da sociedade, para que assumam a condição de maiorias políticas e conduzam o destino nacional a partir do olhar e interesse dessas amplas maiorias*. Um Projeto Brasil Popular só pode ser desenvolvido e levado a cabo pelos mais interessados em romper com a sina de um Brasil como uma eterna promessa não cumprida.

Cientes de que compartilhamos esse projeto e de que estamos dispostos a lutar para construir o futuro, ele deve afirmar nossa humanidade e a defesa da vida, buscando enfrentar o passado e o presente de desigualdades para construir um futuro de esperança no qual todos e todas tenham direito a viver de forma plena. Conhecer o nosso passado e o nosso presente nos ajuda a pensar um futuro que não seja simplesmente a continuidade do que vivemos até hoje.

# 1. A ATUALIDADE DA CRISE BRASILEIRA

### A) ELEMENTOS ESTRUTURANTES E HISTÓRICOS DA CRISE

Vivemos uma convergência de crises: econômica, social, política, ambiental e de valores. É possível afirmar que cada uma dessas dimensões tem temporalidades distintas que, a depender da maior ou menor articulação entre elas, resultam na modificação da situação concreta. A convergência a que nos referimos não significa apenas um somatório de crises, mas a intensificação recíproca entre elas.

Para compreender como chegamos a esse momento crítico, buscaremos aqui resgatar os aspectos históricos, estruturais e conjunturais dessas crises. Nesse sentido, vale apontar que estes últimos, via de regra, atualizam e tornam mais evidentes antigos problemas. É o caso, por exemplo, das diversas desigualdades e contradições desveladas e intensificadas durante a pandemia de Covid-19.

Buscamos compreender e demonstrar como essas crises se articulam, reconhecendo, porém, que a dimensão econômica é determinante na elaboração de um projeto nacional soberano – e sobre ela deve incidir a ação política, mesmo que essa também esteja de alguma forma condicionada pela economia. Conhecer os elementos socioeconômicos que configuram a realidade brasileira abre a possibilidade de incidir politicamente para transformá-los radicalmente.

A pandemia de Covid-19 mostrou de forma cristalina a natureza estrutural de diversos dilemas de nossa sociedade. O aprofundamento da grave situação econômica em âmbito internacional encontra um Brasil que, nos últimos anos, vem sofrendo uma ofensiva neoliberal,[1] com retirada de direitos, destruição da soberania nacional e ataques à democracia. Do ponto de vista econômico, compreendemos essa como uma crise do padrão de acumulação do modo de produção capitalista, que se traduz em uma ofensiva de caráter predatório sobre as riquezas nacionais e sobre os/as trabalhadores/as, tornando cada vez mais evidente o papel do imperialismo de rapinagem dos Estados Nacionais. Em outras palavras, os capitalistas buscam aumentar seus lucros retirando direitos da classe trabalhadora e se apropriando de bens comuns da natureza, e os Estados cumprem o papel de ajudar os capitalistas em detrimento do povo trabalhador. Esse complexo processo se dá em cinco dimensões, detalhadas a seguir.

A primeira refere-se ao processo de *mercantilização da vida*, que transforma os direitos humanos e sociais (educação, saúde, transporte, moradia, lazer, assistência social etc.) em problemas meramente individuais ou em negócios. Em paralelo, o ataque aos direitos civis, políticos e trabalhistas enfraquecem ainda mais a capacidade de organização e reação da classe trabalhadora, cuja exploração e precarização da vida vêm se intensificando por meio da retirada de direitos historicamente conquistados, da desorganização e flexibilização das relações de trabalho e aumento da informalidade, da precarização e do desemprego.

Em outras situações de crises estruturais do capital, como no período entreguerras do século passado, países subdesenvolvidos como Brasil, Argentina e México souberam encontrar oportunidades melhores para seus povos, avançando por meio do desenvolvimen-

---

[1] Modelo político e econômico cuja implementação data da década de 1970 do século XX, e que busca desmontar o Estado de bem-estar social, ou suas variantes em cada país.

tismo associado à industrialização e à urbanização nacional.[2] Diante da situação extremamente adversa no cenário internacional, os mesmos países passam atualmente por procedimento inverso, com intenso processo de desindustrialização e antecipada passagem para a sociedade de serviços com o inchamento do setor terciário – o de serviços – de suas economias.

A segunda dimensão diz respeito à *submissão do Estado à acumulação de capital e à reestruturação produtiva*, inclusive por meio de mudanças de marcos legais. De modo geral, essas exigências da etapa atual do capitalismo dominada pelo capital financeiro têm se mostrado incompatíveis mesmo com a própria democracia liberal burguesa, gerando um massacre social de segmentos sociais mais vulneráveis.

A terceira dimensão se revela pelo processo de *capitalização dos bens públicos*, por meio tanto da privatização das empresas e bancos estatais quanto pela acirrada disputa da mais-valia social nas formas de absorção e capitalização dos fundos públicos. Uma verdadeira derrota imposta à visão de mundo constituída pelo sistema de seguridade social amenizador das desigualdades e de elevação do padrão de vida da classe trabalhadora e do povo em geral.

A quarta dimensão é a *financeirização*, vista como um mecanismo de extração do excedente de riqueza produzido pela sociedade, o que afeta o consumo das famílias, a atividade produtiva e o investimento do Estado. Determinante, portanto, para a crise brasileira.

Finalmente, a quinta dimensão é o *esgotamento do capitalismo*, no sentido de que esse sistema não pode entregar o que promete: condições dignas de vida para todas/os, como garantia de trabalho socialmente relevante e amparado por direitos, serviços sociais de

---

[2] Conjunto de medidas de política econômica que entendiam o desenvolvimento como uma dimensão que está além do mero crescimento econômico. O desenvolvimento, nesta linha, estaria relacionado à soberania, ao desenvolvimento de mercado interno e de um setor produtivo vigoroso.

qualidade, moradia digna, alimentação saudável, igualdade social e de direitos e respeito às diversidades etc. Daí a necessidade de um projeto construído a partir de um diagnóstico da realidade brasileira, e de uma perspectiva popular, capaz de conter uma estratégia objetiva e viável em direção a um horizonte que seja possível alcançar.

## Capitalismo, democracia e desigualdades

Do ponto de vista político, essa ofensiva do capital se traduz em uma crescente pressão pela captura direta do sistema político – que em nosso país jamais concretizou a democracia plena – pelo poder econômico. Assim, a atual crise capitalista apresenta elementos de continuidade e de aprofundamento daquilo já visto durante a grave crise financeira mundial de 2007-2009. A atual situação recessiva pode apontar para um cenário ainda mais rebaixado de estagnação econômica e maior sofrimento para a classe trabalhadora e setores populares.

Esse cenário tem um óbvio efeito político: a incapacidade cada vez mais evidente do capital sustentar a democracia, mesmo em sua forma liberal, evidenciando as contradições do projeto dos inimigos de classe do povo, assentado no caráter antinacional, antidemocrático, antipopular e absolutamente regressivo em relação às conquistas das últimas décadas. Para criar um projeto alternativo, porém, se faz necessário a construção de uma maioria social e política. Nesse sentido, o Projeto Brasil Popular, em seus diagnósticos e proposições, se coloca como continuador dos diversos esforços históricos, protagonizados primordialmente pelas classes populares em nosso país, de reforçar a construção da soberania nacional, com garantia de direitos para sua população.

Do ponto de vista político, as dificuldades e obstáculos a serem vencidos para a implementação de um projeto de desenvolvimento econômico e social devem ser lidos à luz do peculiar funcionamento da democracia liberal em nosso país, fundada na ideia da separação entre o povo e o efetivo exercício do poder (democracia representativa) e na manutenção, com o aval do Poder Judiciário e do monopólio da força pelo Estado, de um conjunto de garantias e privilégios econômicos e sociais para as classes dominantes.

No Brasil, o processo de construção da democracia vem sendo marcado por avanços e recuos – processo esse que esteve no centro das disputas sociais que culminaram no golpe de 1964 e ganhou forte impulso a partir do final da década de 1970, quando um amplo conjunto de movimentos populares transformou o tema da participação política em um elemento central na luta contra a ditadura militar e nas reivindicações sociais que se seguiram. Historicamente, a burguesia e as demais forças conservadoras brasileiras sempre tiveram dificuldades para exercer o domínio de classes em condições democráticas. Períodos de democracia formal e liberdades civis foram frequentemente interrompidos e substituídos por períodos de suspensão dos direitos políticos e civis e de autoritarismo político mais ou menos explícito. A ditadura do Estado Novo e a ditadura militar iniciada em 1964 são exemplos desses períodos autoritários e da fragilidade da burguesia em exercer o domínio político com base na adesão das grandes massas.

Nas sociedades capitalistas ocidentais, a democracia costuma se fundamentar na combinação entre voto universal e direitos sociais. Ou seja, a combinação da ampliação da participação política com a construção de mecanismos de proteção dos trabalhadores contra a superexploração por parte do capital. Entende-se, assim, parte da dificuldade de se consolidar a democracia no país e a presença persistente de uma escandalosa desigualdade social como uma marca característica do capitalismo brasileiro. Essa desigualdade, por sua vez, tem suas raízes na herança da colonização predatória e escravocrata empreendida pelos portugueses.

Essa desigualdade econômica e social no Brasil não se apresenta uniformemente distribuída na população e no território brasileiro, sobretudo quando levamos em consideração as desigualdades regionais e os atravessamentos de gênero, identidade e orientação sexual, raça e etnia. As estatísticas são inequívocas ao mostrar que mulheres, população LGBTQIA+, pessoas negras, povos indígenas, quilombolas e outros setores estão mais vulneráveis às mais diversas formas de exclusão social, e também às mais diversas formas de violência, seja a perpetrada pelo Estado, pelo mercado, pelo racismo estrutural, seja pelo patriarcado. Esses são traços particulares, ainda que não exclusivos, da formação social brasileira e da forma como o capitalismo e a questão de classes se articula em nosso país. Um projeto popular, como o que se pretende aqui, se propõe a encontrar nessas particularidades suas relações com o todo social que configura o capitalismo brasileiro em seu atual estágio de desenvolvimento.

*Capitalismo, colonialismo, racismo e patriarcado*

Em relação a essas particularidades da formação capitalista brasileira, é importante destacar o papel do racismo e do patriarcado em sua estrutura. O processo de ingresso do país na modernidade capitalista, iniciada ao final do século XIX, não se deu como nos países centrais. A substituição da força de trabalho escravizada em bases pré-capitalistas pelo trabalho assalariado sucedeu como a última espoliação para os negros e negras recém libertos. O sucessor do escravizado não foi o trabalhador negro livre, mas o trabalhador branco livre estrangeiro. Isso significa que a população negra adentrou à ordem social competitiva em condições desiguais em relação aos brancos. Essa característica não está presente somente no período da transição do escravismo para o capitalismo, pois se converteu em um elemento estrutural do capitalismo brasileiro.

Da mesma forma, é preciso entender o capitalismo brasileiro como atravessado por uma outra estrutura: o patriarcado. Isso significa dizer que, para além da contradição fundamental entre capital e trabalho, nosso país é marcado ainda pela herança colonial que, além da divisão racial, também reforçou a dominação dos homens sobre as mulheres. Tais elementos estão presentes não apenas no âmbito das relações econômicas, mas se manifestam também nos aparelhos jurídicos e políticos em funcionamento na formação social brasileira.

Historicamente, nos momentos em que foi possível começar a avançar em medidas que alterassem essas desigualdades, elas foram fortemente combatidas pelas classes dominantes brasileiras. Os golpes de 1964 e de 2016-2018 são os melhores exemplos dessa dinâmica. Eles revelam de forma concentrada, e por meio de eventos históricos, tendências estruturais da sociedade brasileira. Embora sejam situações historicamente muito distintas, existem alguns elementos comuns que nos permitem identificar certos traços estruturais da relação das classes dominantes brasileiras (e seus parceiros internacionais) com a democracia política.

O golpe de 1964 foi, antes de mais nada, uma reação a um movimento nacional-popular crescente com propostas de reformas voltadas para a independência política e econômica do Brasil, a modernização econômica, o aprofundamento da democracia política e a distribuição da riqueza nas cidades e no campo. Essa reação expressava de forma cabal a incapacidade das classes dominantes brasileiras de acomodar de maneira contínua as pressões e reivindicações reformistas e redistributivas das massas de trabalhadores, assim como sua incapacidade para romper com os laços de dependência e subordinação ao imperialismo, em especial o estadunidense. A supressão da democracia por parte dos militares, em estreita conexão com grandes lideranças da burguesia brasileira e internacional, era o resultado esperado dos limites do nosso capitalismo dependente e profundamente desigual.

Em uma situação histórica bastante distinta, o golpe de 2016-2018 – que se inicia com a derrubada da presidenta Dilma Rousseff e se aprofunda com a prisão do ex-presidente Luiz Inácio Lula da Silva, sem que ainda seja possível dizer que tenha esgotado seu impulso rumo a níveis cada vez mais profundos de autoritarismo – reproduz o elemento central da dinâmica observada em 1964: o limite da burguesia brasileira diante das pressões redistributivas das camadas populares.

*Organização popular e reação neoliberal*

O processo de reorganização popular que se iniciou ainda durante a ditadura, em meados da década de 1970, fez emergir uma ampla gama de movimentos populares (camponeses/as, trabalhadores/as do campo e da cidade, sindicatos urbanos e rurais, movimento negro, movimento de mulheres e outras organizações comunitárias etc.), e ganhou projeção nacional com as greves dos metalúrgicos de 1978-1979, que impulsionaram o renascimento do movimento sindical, a construção da Central Única dos Trabalhadores (CUT), a reconstrução da União Nacional dos Estudantes (UNE), a conquista da liberdade de organização e da imprensa sindical. No campo, houve a formação de grandes organizações de camponeses e indígenas, no final dos anos 1970 e durante os anos de 1980, como a Comissão Pastoral da Terra (CPT), o Movimento dos Trabalhadores Rurais Sem Terra (MST), o Conselho Indigenista Missionário (CIMI), o Movimento dos Atingidos por Barragens (MAB), o Movimento dos Pequenos Agricultores (MPA). E nas cidades também foram construídos e reconstruídos, nesse período, movimentos populares urbanos de luta por moradia, por creche, direito ao trabalho, luta por renda, contra o racismo, pelo direito das mulheres, de enfrentamento de problemas das populações das periferias das grandes cidades (saneamento, acesso à cultura, lazer, combate à violência estatal etc.), com destaque para a Central dos Movimentos Populares (CMP).

Os avanços continuaram durante essa década, formando uma vasta rede de organizações populares, que configurou um polo avançado da redemocratização brasileira e na vanguarda da afirmação dos direitos que se fizeram presentes na Constituição de 1988, na qual organizações que pautavam a reforma urbana, os direitos das mulheres e a igualdade étnica e racial também compuseram esse amplo bloco popular. Esse campo, que inclui também um conjunto de partidos de esquerda, protagonizou um tensionamento do capitalismo brasileiro, em busca de distribuição da riqueza e do aprofundamento da democracia política.

Os resultados desse processo constituinte, entre 1987 e 1988, realizado na tensão entre a ascensão do movimento de massas no Brasil e a iniciativa das classes dominantes por uma transição controlada e conservadora, culminaram em uma Carta com contradições evidentes que se revelam na não concretização de diversos dispositivos presentes originalmente na Constituição.

As pressões exercidas pelo campo político progressista, citado anteriormente, explicam grande parte dos movimentos levados a cabo pelas classes dominantes e pelos partidos e organizações a ela associados, na condução da redemocratização e, depois, na condução do próprio regime democrático dela resultante. As dificuldades para acomodar, de um lado, as demandas por redistribuição de uma riqueza altamente concentrada e, por outro, os interesses muitas vezes conflitantes entre si dos diversos segmentos e frações de classe levaram a uma situação de instabilidade política quase permanente desde a transição democrática até o fim do governo de Itamar Franco.

Com a candidatura e os governos de Fernando Henrique Cardoso (FHC), as diversas frações da burguesia brasileira (em conjunto com seus "associados" internacionais) conseguiram chegar a um considerável nível de coesão interna, explicável principalmente pela ameaça representada pela candidatura de Luiz Inácio Lula da Silva, franca favorita na disputa pela presidência até o início de 1994.

Em contrapartida, o sucesso do Plano Real no controle da inflação proporcionou ao candidato – e depois presidente – FHC a adesão popular e a capacidade de exercer o domínio burguês pela via do consenso, que não havia sido plenamente possível nos governos de seus antecessores, caracterizados por crises sucessivas. Não se pode deixar de colocar que, a despeito do sucesso de curto prazo do Plano Real em recompor o poder de compra da população, os mecanismos adotados para tanto tiveram como efeito, no médio e longo prazo, a penalização do setor produtivo nacional.

As reformas neoliberais dos governos FHC, além de atenderem aos interesses econômicos imediatos do grande capital nacional e internacional (em especial o financeiro), foram marcadas por um conjunto de medidas *des-democratizantes*, cujo objetivo era esvaziar a capacidade dos segmentos populares de exercer influência sobre as políticas econômicas. Merecem destaque entre essas medidas a autonomia operacional do Banco Central, a Lei de Responsabilidade Fiscal e a subordinação das políticas comerciais brasileiras a organismos como a Organização Mundial do Comércio (OMC).

Apresentadas como formas de proteção da política macroeconômica e da política monetária contra "possíveis excessos" dos representantes eleitos pelo voto popular, essas ferramentas reduzem na prática os espaços democráticos que haviam sido conquistados em décadas anteriores e que estão previstos na Constituição. Em seu conjunto, essas medidas reduziram drasticamente a margem de autonomia dos governos futuros para tomar decisões em áreas cruciais da vida do país.

Essas restrições legais evidenciam a necessidade de impedir que a vontade popular interfira no gerenciamento da macroeconomia, uma vez que os interesses do povo (garantia e ampliação de amplos direitos políticos e sociais) entram em conflito direto com os interesses das classes dominantes. Assim, ainda que, do ponto de vista formal, muitos direitos políticos e sociais tenham sido estabelecidos e assegurados na Constituição de 1988, a guinada neoliberal no país na década seguinte à sua promulgação foi contra a efetivação desses direitos, levando ao aprofundamento das desigualdades sociais e à deterioração das condições de vida da população brasileira, sobretudo nas periferias das grandes cidades.

Os governos petistas que se seguiram também tiveram suas limitações – próprias e herdadas. No entanto, esses governos souberam se aproveitar de uma conjuntura internacional economicamente favorável para, dentro de certos limites, adotar medidas que buscavam redistribuir riqueza. Entre elas, podemos destacar a valorização do salário mínimo, a regularização do trabalho doméstico, a política educacional, o programa Bolsa Família, a adoção de políticas anticíclicas que buscavam uma situação de pleno emprego e a legislação para a exploração do Pré-sal,[3] que visava fortalecer a educação e a saúde públicas. Seria possível afirmar que, nesse período, o Estado voltou a ganhar protagonismo e alguns limites político-jurídicos do período anterior, de forma incipiente, passaram a ser enfrentados, sem que tenha ocorrido uma ruptura. A economia começou a ser diversificada e alguns setores industriais estavam se desenvolvendo. Dessa forma, com ganhos objetivos para grande parte da população – sem que reformas estruturais tenham ocorrido –, o PT adquiriu e desenvolveu uma referência eleitoral que demonstra grande resiliência. Além disso, e isso é especialmente importante para entendermos a situação atual, os governos petistas adotaram políticas voltadas para atender algumas das demandas históricas do movimento negro, dos movimentos de mulheres e da população LGBTQIA+.

---

[3] Ou seja, que buscam contrabalançar as tendências do mercado. Em momento de contração da atividade econômica privada, nesse sentido, busca-se estimular a economia por intermédio da atividade estatal.

## O Estado que o Brasil precisa

Para dar continuidade à reflexão, é necessário abordar a forma administrativa na qual se encontra o Estado brasileiro, bem como mudanças necessárias na administração pública para avançar com um projeto de transformação.

Do ponto de vista das políticas públicas e do que costumeiramente se chama de forma de Estado, o Brasil está organizado como um Estado Federal, mas com aspectos peculiares. É a única Federação do mundo a reconhecer municípios como entes federativos em sua Constituição. A República Federativa do Brasil é, portanto, formada pela união indissolúvel dos 26 estados, 5.568 municípios e o Distrito Federal. Além disso, adotou um modelo cooperativo no qual muitas competências são exercidas de forma conjunta pelos diferentes entes.

Essa característica trouxe enormes avanços democráticos, com a ampliação de serviços e o aperfeiçoamento dos canais de controle e participação social municipais que contribuíram para uma maior democratização, ainda que insuficiente, uma vez que o município está mais próximo do cidadão, o que amplia sua capacidade de atender às especificidades locais. Em contrapartida, agregou mais complexidade às relações federativas, pois o arranjo das políticas públicas nacionais precisa ser feito entre os três diferentes níveis (União, estados e municípios), todos autônomos entre si. Assim, falta à federação instrumentos adequados à coordenação das políticas públicas. Além disso, hoje, a participação dos níveis mais altos de governo na construção de estratégias em conjunto com as demais esferas federativas, sobretudo dos governos locais, baseia-se quase exclusivamente na transferência de recursos financeiros.

As regiões metropolitanas são grandes exemplos desse déficit de cooperação. Em cada estado foram adotados critérios e modelos distintos; na maior parte das regiões metropolitanas, o órgão gestor – quando existente – é estadual e as estruturas de paridade com municípios estão apenas no discurso, sem efetivação. Os fundos metropolitanos e outros instrumentos de financiamento do desenvolvimento regional são praticamente inexistentes. Por exemplo, na saúde, além de um favorecimento da atuação do setor privado, há uma crescente diminuição da participação da esfera federal em seu financiamento, passando de 75% iniciais para 45% atuais; já as esferas municipal e estadual somadas elevaram sua fatia conjunta de 25% iniciais para 55% atuais. Permaneceu, assim, o baixíssimo financiamento público. A superação dos desafios das grandes metrópoles brasileiras passa pela integração das políticas setoriais e pela integração de todo seu território, nas suas diversas escalas. Em âmbito nacional, as desigualdades regionais persistem, sobretudo na dicotomia norte-sul.

Além disso, o universo dos municípios brasileiros também é marcado por grandes diferenças demográficas, de dinâmica econômica, indicadores sociais, arrecadação, capacidade técnica e gerencial de suas administrações públicas. Atualmente, 70% dos municípios possuem menos de 20 mil habitantes e abrigam apenas 18,2% da população. Já os 283 municípios com mais de 100 mil habitantes acumulam aproximadamente 70% de toda a renda do país, enquanto os 3.915 municípios com até 20 mil habitantes representam menos de 10% da renda nacional.

Em uma perspectiva geral, é necessário notar o impacto do pensamento neoliberal em relação à administração pública, marcado por regras e ações que, simultaneamente, reduzem o escopo de atuação do Estado e limitam a possibilidade de ações transformadoras nos entes federados.

Esse ideário foi amplamente absorvido por uma parcela significativa da população ao ser incansavelmente defendido pelos meios de comunicação. Essa ideologia, aliada a nossos processos históricos e sociais, forjou um Estado orientado para o "não fazer", burocratizado em seus procedimentos, cheio de controles que travam qualquer impulso transformador. Autoritário em seus métodos, o Estado parece eficiente somente na manutenção do *status quo* e em solapar direitos individuais e sociais, além de impedir a efetivação dos objetivos constitucionais. A precariedade da gestão tornou-se uma política de governo e serviu para converter o Estado brasileiro em uma espécie de escritório de gerenciamento de negócios privados que extrapolaram as fronteiras nacionais.

## Soberania: política externa e interna

Em relação à dimensão das relações internacionais, historicamente, a atuação internacional do Estado brasileiro priorizou a subordinação em relação às grandes potências, especialmente Europa e Estados Unidos, em detrimento da criação de laços e processos duradouros e profundos com os Estados periféricos do chamado Sul Global (países da América Latina, África e Ásia). Durante o século XX, essa posição consolidou a dependência econômica, financeira, industrial e tecnológica do país, resultando na baixa autonomia política do Estado para a gestão das políticas macroeconômicas e sociais. Poucos foram os governos que buscaram garantir ao Estado brasileiro mais autonomia, interna e externamente, ainda que, a partir dos anos 1980, com a redemocratização, tenha havido uma aproximação entre os Estados brasileiro e argentino e a defesa da integração regional. Nos anos 1990, formou-se o Mercado Comum do Sul (Mercosul).

Após 2003, o novo direcionamento da política externa resultou na aproximação das nações em desenvolvimento e subdesenvolvidas por meio de processos de integração regional como a União de Nações Sul-Americanas (Unasul), criada em 2008. Nesse contexto, foi possível, também devido às mobilizações populares, arquivar a proposta dos Estados Unidos de criação de uma Área de Livre Comércio das Américas (Alca), e os planos para a criação de uma Força Armada regional (a "Otan dos pobres"). Outras alianças e coalizões políticas como o G-20, o Fórum Ibas (Índia, Brasil e África do Sul) e especialmente o grupo do Brics (Brasil, Rússia, Índia, China e África do Sul) foram fortalecidas.

Essas iniciativas permitiram a contraposição a acordos desiguais e o arquivamento de propostas de instalação de bases estrangeiras no território nacional, como o protocolo 505 da Base de Alcântara, no Maranhão. Além disso, deu-se início à construção de projetos políticos de integração regional, como o Conselho e a Escola de Defesa Sul-Americana, ligada à Unasul, e fortaleceram-se iniciativas de cooperação política com os Estados africanos, como a Comunidade dos Países de Língua Portuguesa (CPLP) e a Coordenação Geral de Cooperação Humanitária e Combate à Fome (CGFome).

O reconhecimento dos laços históricos, sociais e econômicos com os Estados africanos, principalmente na questão do combate ao racismo e da luta pelo desenvolvimento, encontrou um lugar de destaque nos governos Lula e Dilma (2003-2016). Entretanto, a relação com o continente foi pautada pelo interesse na exportação de manufaturas e pela internacionalização de empresas brasileiras, como construtoras, a Vale e a Petrobras.

Relacionada à questão das relações externas, há o debate da política de Defesa. O Brasil tem atualmente três documentos importantes nessa área: a Estratégia Nacional de Defesa, a Política Nacional de Defesa e o Livro Branco. Eles ressaltam a importância do desenvolvimento nacional, da integração das três forças sob o comando do Ministério da Defesa, da necessidade de um complexo industrial-militar de defesa, da dedicação a três áreas estratégicas – nuclear, cibernética e aeroespacial –, assim como o desenho dos "três espaços geopolíticos prioritários" para o Brasil: América do Sul, Atlântico Sul e os Brics. Mas sua principal força é a ideia de dissuasão contra ameaças, especialmente as extrarregionais, pois o Brasil não é parte ativa de nenhum conflito bélico internacional, não tendo, portanto, propósitos ofensivos, e sim defensivos, desestimulando outros países a tomarem iniciativas bélicas contra o Brasil.

Entre as limitações dos documentos, podemos citar a baixa participação da sociedade civil (mesmo por meio do Parlamento), a heterogeneidade entre as três Forças Armadas, o baixo poder (ou desejo/capacidade de exercício de poder) político-civil sobre as Forças Armadas e, uma questão especialmente importante para o campo popular, a possibilidade de emprego das Forças Armadas em questões internas foi mantida e até mesmo ampliada.

Considerando que o Brasil não é parte ativa de nenhum conflito internacional, a atuação das Forças Armadas vem se concentrando em duas frentes: a manutenção da ordem interna e a atuação nas fronteiras, com foco no combate a delitos transnacionais e na política de guerra às drogas – como no Projeto Calha Norte (Amazônia), no Sistema Integrado de Monitoramento de Fronteira (Sisfron) e na Operação Ágata (maior atividade brasileira, que mobiliza 30 mil militares). Nessa frente, situa-se também a delicada questão dos refugiados, cujo primeiro contato com o Estado brasileiro são as Forças Armadas. As duas frentes refletem uma influência doutrinária estadunidense.

Isso leva à questão da necessidade de uma perspectiva da defesa nacional que leve em conta a inserção geopolítica do Brasil na América Latina, buscando possibilidades de fortalecimento da tecnologia, da ciência e da afirmação de autonomia. Houve um movimento nessa direção, mas as instituições criadas não chegaram a se consolidar (União das Nações Sul-Americanas – Unasul; Comunidade de Estados Latino-Americanos e Caribenhos – Celac; Escola Sul-Americana de Defesa – Esude).

### Segurança pública

O Estado brasileiro mata muito, pois a pena de morte é praticamente a realidade das ruas dos bairros populares, especialmente se a suspeição paira sobre um jovem pobre e negro. Além disso, o tratamento de questões sociais como "caso de polícia" favorece essa dinâmica e reduz a compreensão de conflitos sociais complexos que só poderiam ser devidamente abordados por meio da multidisciplinaridade e de redes institucionais de apoio que, embora muitas vezes existentes, não recebem os devidos investimentos para que efetivem a sua função constitucional.

Um elemento-chave presente tanto na esfera militar como da segurança pública é a ideia de "inimigo interno". Grupos sociais específicos passam a ser vistos como elementos a serem eliminados da sociedade ou tratados como subcidadãos. A retórica e a prática da chamada "guerra às drogas"[4] é um exemplo dessa concepção de inimigo interno que, nesse caso, é funcional ao capitalismo – sob o ponto de vista da criminologia crítica –[5] à medida que pressiona as classes populares a aceitarem as condições impostas pela desigualdade econômica. Trata-se, então, do controle penal dos excluídos – pobres – dos circuitos formais do mercado, trabalhadores informais em geral, mulheres, pessoas negras, LGBTQIA+, indígenas.

Assim, as políticas de segurança pública se transformam em um mecanismo que auxilia na regulação do sistema econômico, a serviço do mercado e da reprodução da desigualdade social, ou seja, na "manutenção da ordem", expressão utilizada com frequência pelos adeptos do populismo penal, ou seja, a ideia de que a solução para o grave problema da desigualdade social, ou de seus efeitos mais ou

---

[4] Guerra às drogas é um termo comumente aplicado a uma campanha, liderada pelos Estados Unidos, de proibição de drogas, por meio de intervenção militar, com o intuito de definir e reduzir o comércio ilegal de drogas. Essa iniciativa inclui um conjunto de políticas que são destinadas a desencorajar a produção, distribuição e o consumo de entorpecentes.

[5] A criminologia crítica, por meio de um viés marxista, aborda a relação entre o controle penal da força de trabalho e o capitalismo, apontando, por exemplo, para a seletividade dos órgãos de controle social formal, que pune majoritariamente os pobres, negros, e outras minorias.

menos diretos, passa pelo endurecimento das punições a determinados setores.

Um desdobramento da percepção de que é possível resolver problemas, por meio exclusivamente da punição, cujas causas estruturais são de ordem social, histórica e econômica, é a ideia de que aqueles e aquelas que lutam por transformações que não passam pela via da punição sejam alvos, justamente, de tentativas de criminalização por, segundo essa visão, promoverem a instabilidade social.

Como já mencionado, uma das consequências dessa questão em nossa realidade é a alta letalidade das forças de segurança pública no Brasil. Alcançamos níveis inadmissíveis e só comparáveis a países que passam por uma guerra civil. A estrutura das instituições policiais favorece e encoraja o uso desmedido e abusivo da força policial. É comum que nos registros oficiais execuções sumárias sejam registradas como atos lícitos, amparadas pelo direito à legítima defesa ou medidas estritamente necessárias para conter a violência das próprias vítimas (autos de resistência). No entanto, a desproporção entre óbitos de policiais e de suspeitos civis leva entidades de defesa dos direitos humanos a denunciarem a letalidade policial como parte do programa de política criminal.

Aqui, é importante apontar que a quase totalidade das vítimas da violência policial é pobre, com uma maioria de homens, jovens e negros. Aliás, esse segmento da população está menos seguro no Brasil. Segundo dados do Fórum Brasileiro de Segurança Pública de 2020, do total de mortes violentas intencionais no Brasil, 61% delas foram cometidas contra pessoas com idades entre 18 e 34 anos. Destas, mais de 90% eram do sexo masculino. Quando se observa a questão racial do total de mortes violentas intencionais, 76% das vítimas são pessoas negras. Uma pessoa negra no Brasil tem, em média, três vezes mais chance de ser vítima de um homicídio que uma pessoa branca. Como a ampla maioria dessas ações ocorre em regiões de periferia e comunidades com a quase totalidade da letalidade alcançando pobres, os casos sequer são devidamente apurados. Como no dizer popular, "a vida do pobre no Brasil vale muito pouco".

Também a política prisional reflete o mesmo programa, e como último estágio da neutralização de grupos indesejados, leva o Brasil a ter a quarta maior população carcerária do mundo. É também sintomático que a população negra tenha 18% mais chance de ser presa. Ressalta-se, ainda, as condições carcerárias desumanas, sobretudo no que se refere à cultura da tortura, à superpopulação, à não observância da garantia dos mais variados direitos, como o acesso à saúde (com destaque para a presença de doenças sociais como a tuberculose, que ainda causa mortes, e os casos das mulheres encarceradas), sem infraestrutura compatível com a dignidade humana. Nessas condições, a ressocialização é muito limitada.

Mesmo com a ampliação dos direitos sociais nas últimas duas décadas – políticas públicas de inclusão social, por meio de programas de distribuição de renda, redução do desemprego e ampliação do acesso ao ensino – a população carcerária aumentou, revelando que as iniciativas ainda foram insuficientes para reverter uma tendência histórica que, agora, com a interrupção das políticas sociais, tende a aumentar ainda mais.

Uma última questão fundamental relacionada à segurança pública no Brasil, como já adiantado, é a adesão à "guerra às drogas", mais letal que os danos causados pelo uso dos entorpecentes. Esse modelo bélico se consolidou após o colapso da Guerra Fria, com a escolha de um novo inimigo para mobilizar a indústria bélica e manipular a opinião pública. A pobreza relacionada à maioria dos incriminados por condutas relacionadas às drogas – maior motivo de encarceramento no Brasil – revela o objetivo de criminalização da pobreza. À essa abordagem repressora se opõe, como alternativa, a abordagem preventiva, interdisciplinar e terapêutica, baseada na redução de danos, na qual a questão das drogas é deslocada para o âmbito da assistência social e da saúde pública.

A segurança pública é tratada como direito fundamental pela Constituição Federal. Ela deve ser vista não só como um direito com um fim em si mesma, mas como garantidora do exercício de outros direitos. A tendência da segurança ser tratada como um valor em si e independente de outros direitos revela, em uma sociedade desigual, que apenas os grupos privilegiados são protegidos pelo aparato estatal, o que evidencia a sua função na reprodução da sociedade de classes. A relação entre neoliberalismo e autoritarismo é essencial para esse fenômeno, e sua problematização passa por resgatar a importância dos direitos fundamentais contra os retrocessos no sistema democrático de garantias fundado na Constituição Federal.

Nesse sentido, é essencial reiterar a característica de unidade e indissociabilidade dos direitos sociais e políticos, o que gerou – e ainda gera –, ao longo de nossa história, um efeito cascata em que a violação ou descumprimento de um afeta a todos os demais. Ao mesmo tempo, a saída desse labirinto deve ter no horizonte a garantia de todos os direitos, vistos em conjunto, já que, necessariamente, o fortalecimento de um deles passa pelo fortalecimento de todos os outros.

### O patriarcado, o racismo e a LGBTQIA+fobia agravam esse quadro de violência

Ainda sobre segurança, o discurso hegemônico não trata das reais questões sobre o tema e não é diferente ao tratar das violências de natureza patriarcal e racista cometidas contra os segmentos mais afetados pela desigualdade e exclusão. O Brasil se mantém entre os países mais perigosos para mulheres, negros(as) e LGBTQIA+, com a quinta maior taxa de feminicídios do mundo – crime que atinge principalmente as mulheres negras –, e apresenta um crescimento no registro de estupros e de violência doméstica. De acordo com o Fórum Brasileiro de Segurança Pública, em 2020, o primeiro ano da pandemia de Covid-19 e do isolamento social, 3.913 mulheres foram assassinadas, sendo 1.310 dessas mortes consideradas feminicídios. Entre essas vítimas, 61,8% eram mulheres negras. Isso representa um feminicídio a cada sete horas. O país também apresenta um crescimento no registro de estupros e de violência doméstica. Em 2021, foram 56.098 estupros de mulheres, de acordo com dados do Fórum Brasileiro de Segurança Pública.

Ainda sobre a violência patriarcal, mesmo considerando as limitações dos levantamentos, os Disque 100 e 180 (números das centrais telefônicas de denúncias de violações de direitos humanos e de atendimento à mulher, respectivamente) registraram 105.671 denúncias de violência contra a mulher em 2020, o que representa um registro a cada cinco minutos. Do total, 72% dessas denúncias foram de violência doméstica e familiar. Outro dado levantado pelo Anuário Brasileiro de Segurança Pública, divulgado em 2021, apontou que a cada minuto de 2020 alguém ligava para um centro de denúncias para relatar um caso de violência doméstica contra mulheres.

No mesmo sentido, são alarmantes o número de homicídios e suicídios de pessoas LGBTQIA+. De janeiro a agosto de 2021, 207 pessoas da população LGBTI+ foram assassinadas ou se suicidaram em decorrência de crimes de ódio, de acordo com o relatório do Observatório de Mortes Violentas de LGBTQIA+ no Brasil.

As diferentes formas de violência tendem a aumentar, à medida que o governo Bolsonaro intensifica a política de guerra às drogas e facilita a posse de armas de fogo – instrumento utilizado em cerca de metade dos feminicídios. Paralelamente, os agentes do governo também alimentam o ódio conservador contra mulheres, negros e LGBTQIA+ e colocam em questão os próprios direitos humanos como princípio fundamental de atuação estatal.

*A classe dominante brasileira e a construção das ideias hegemônicas*

O grave cenário até aqui descrito comporta ainda um elemento fundamental: a forma como essas ideias conservadoras se reproduzem e são aceitas em todo o conjunto da sociedade, inclusive por aqueles que padecem de seus efeitos. Nesse sentido, merece destaque o debate sobre a questão da comunicação social.

As ideias conservadoras, antipopulares, antidemocráticas e antinacionais são cotidianamente apresentadas para disputar a sociedade. E como nunca antes, a mensagem com essas ideias alcança a totalidade da população com uma rapidez impressionante.

Alguns estudos recentes mostram que apenas cinco famílias controlam 50% dos principais veículos de mídia do país, a saber: Marinho (Globo); Saad (Bandeirantes); Macedo (Record); Sirotsky (RBS); e Frias (Grupo Folha). O modelo brasileiro é concentrado e esses veículos têm influência para que as transmissões brasileiras de rádio e televisão propaguem uma narrativa única, baseada nos interesses de classe, gênero e etnia das pessoas que são as proprietárias desses meios.

É necessário, primeiro, destacar que a Constituição brasileira consagra o direito à comunicação não só do ponto de vista clássico e liberal, ou seja, de garantia da liberdade de expressão. Uma das conquistas formais do processo de redemocratização foi a consagração da ideia de que a possibilidade de se expressar, e ter meios para tanto, é um direito de todos. Neste sentido, a democratização dos meios de comunicação é uma pauta presente no texto constitucional de 1988. Sua não implementação – como no caso de diversos meios de comunicação econômica e ilegalmente controlados por políticos – não só fere expressamente esse direito, como permite que poucas vozes sejam ouvidas cotidianamente sobre os problemas, velhos ou atuais, do país.

Os chamados meios de comunicação (conjunto de jornais, revistas, emissoras de televisão, rádio, provedores de conteúdo via internet, plataformas de entretenimento digital etc.) respondem por cerca de 6 a 7% do Produto Interno Bruto (PIB), tanto brasileiro como mundial. Apesar de deterem uma fatia considerável de rendimentos, a totalidade da produção, transmissão e distribuição de conteúdo está concentrada nas mãos de poucas corporações. Essa concentração impede que a população tenha acesso a fontes variadas de informação e entretenimento, impondo valores hegemônicos voltados à perpetuação de um ciclo de consumo. Além disso, a diversidade e pluralidade de culturas, identidades, etnias, crenças que compõem a humanidade não são contempladas.

É comum que esses meios sejam controlados por grupos políticos vinculados às classes dominantes locais, que utilizam seus veículos como mais uma forma de exercer e perpetuar seu poder. São frequentes também ilegalidades como a chamada propriedade cruzada dos meios de comunicação, ou seja, empresas que possuem veículos de diferentes naturezas, como jornais, revistas, portais de internet, distribuidoras de TV por assinatura, produtoras de cinema. Outra irregularidade é o arrendamento da programação, ou seja, a venda de parte de espaço de transmissão a terceiros, ultrapassando o limite de 25% que pode ser destinado à publicidade, conforme estabelece o Código Brasileiro de Telecomunicações em seu artigo 124.

### B) Elementos contemporâneos da crise

A atual crise, a despeito de suas particularidades, se insere como mais um exemplo em uma lista de momentos históricos que demonstram as contradições e limites internos do capitalismo, principalmente em suas versões mais agressivas. Com isso, queremos dizer que as concepções econômicas calcadas nas diversas visões liberais têm sido constantemente colocadas à prova – e fracassado.[6] A plena liberdade de mercado – seja ela considerada "natural", como no liberalismo econômico clássico, seja ela tida como objetivo a ser alcançado, como no pensamento neoliberal – tem se mostrado uma ideia continuamente desconectada da realidade, que tem exigido e demonstrado a necessidade de ações governamentais e estatais de estímulo à economia e ao desenvolvimento.

A ação de muitos Estados nacionais durante a pandemia do novo coronavírus, tanto na periferia quanto no centro do capitalismo global, colocaram novamente em questão os preceitos liberais e ortodoxos, inclusive em uma das áreas mais sensíveis do debate econômico: a questão fiscal. A ideia de que as economias nacionais funcionam tal como o orçamento de uma família tem sido enfrentada na teoria e na prática. Nesse campo, o Brasil esteve na contramão da maioria das grandes economias mundiais.

Tudo isso se soma a uma decadência já existente do paradigma neoliberal que vem desde a crise de 2008, quando o mundo assistiu a outro conjunto atípico de políticas econômicas. Desde então, abriu-se um amplo debate sobre o papel dos Estados. A crise ensinou, por exemplo, que as medidas de austeridade fiscal não contribuem para a recuperação econômica e ainda aumentam as desigualdades.[7] Os controles sobre os fluxos de capitais, o protecionismo comercial e as políticas industriais, que eram tabus antes da crise, voltaram à ordem do dia. Também uma ampla discussão sobre a renda básica universal já ganha impulso, desde 2008, em um cenário de desemprego, subemprego e de transformações

---

[6] Poderíamos colocar como primeiro exemplo dessa lista, e provavelmente um dos mais significativos, a crise internacional de 1929 e a articulação do New Deal nos EUA por Franklin Delano Roosevelt.

[7] Expressão que designa políticas de cortes de gastos e investimentos, normalmente concretizadas com a retirada de direitos.

tecnológicas. O questionamento das desigualdades sociais ganha maior relevância no debate público e a questão ambiental adquire um caráter de urgência.

*A dimensão ecológica das crises sanitárias contemporâneas*

O modo de produção e acumulação capitalista sob hegemonia do capital financeiro tem imprimido um inédito ritmo de exploração e destruição dos bens comuns ambientais. As consequências que mais saltam aos olhos nos últimos anos têm sido a ocorrência de eventos climáticos extremos, cada vez mais frequentes em todo o mundo. De acordo com um relatório do Painel Intergovernamental sobre Mudanças Climáticas das Nações Unidas (IPCC–ONU) de 2021-2022,[8] os mais afetados por esses eventos são as populações mais pobres e excluídas, sobretudo nos grandes centros urbanos. Os moradores de periferias morrem 15 vezes mais por eventos climáticos extremos, e o número de pessoas expostas a secas e enchentes em cidades deve dobrar até 2030, segundo a ONU.

As alterações climáticas, como mudança nos regimes de chuva e de amplitude térmica, afetam os biomas de todo o mundo, tanto em territórios conservados quanto em áreas já exploradas pela agropecuária, prejudicando a biodiversidade, os solos e o ciclo hidrológico, por exemplo. O relatório da Plataforma de Política Científica Intergovernamental sobre Biodiversidade e Serviços Ecossistêmicos de 2019 dá alguns exemplos que nos ajudam a dimensionar o tamanho da destruição: um milhão das cerca de oito milhões de espécies de plantas

---

[8] O Painel Intergovernamental sobre Mudança do Clima (IPCC) foi criado pelo Programa das Nações Unidas para o Meio Ambiente (Pnuma, ONU Meio Ambiente) e pela Organização Meteorológica Mundial (OMM) em 1988, com o objetivo de fornecer aos formuladores de políticas avaliações científicas regulares sobre a mudança do clima, suas implicações e possíveis riscos futuros, bem como para propor opções de adaptação e mitigação. Atualmente, o IPCC possui 195 países-membros, entre eles, o Brasil.

e animais estão ameaçadas de extinção, sendo que as ações humanas já levaram pelo menos 680 espécies de vertebrados à extinção desde 1500, com as populações globais de espécies de vertebrados caindo 68% nos últimos 50 anos.

Um relatório do IPCC de 2020 apontava que apenas 15% das zonas úmidas mapeadas no mundo permanecem,[9] a maioria já estando degradada para além da possibilidade de recuperação. Em 2020, o Programa das Nações Unidas para o Meio Ambiente (Pnuma) documentou que, de 2014 a 2017, os recifes de corais sofreram o mais longo evento de branqueamento já registrado, por conta do aumento das temperaturas. Prevê-se que, se o aquecimento global aumentar 2°C, então menos de 1% dos recifes sobreviverão.

O aquecimento dos oceanos vem com o despejo anual de até 400 milhões de toneladas de metais pesados, solventes e lodo tóxico (entre outros resíduos industriais) – sem contar os resíduos radioativos. Esse é o lixo mais perigoso, mas é apenas uma pequena proporção do lixo total lançado nos oceanos, incluindo milhões de toneladas de plástico. Um estudo de 2016 apontou que, em 2050, é provável que haja mais plástico do que peixes no oceano, em termos de peso. O despejo de resíduos industriais nas águas, inclusive em rios e outros corpos de água doce, gera pelo menos 1,4 milhão de mortes anualmente por doenças evitáveis que estão associadas à água potável poluída por patógenos.

Os resíduos nas águas são apenas uma fração do que é produzido pelos seres humanos, estimado em 2,01 bilhões de toneladas por ano. Apenas 13,5% desses resíduos são reciclados, enquanto apenas 5,5%

---

[9] O Painel Intergovernamental sobre Mudança do Clima (IPCC) foi criado pelo Programa das Nações Unidas para o Meio Ambiente (Pnuma, ONU Meio Ambiente) e pela Organização Meteorológica Mundial (OMM) em 1988, com o objetivo de fornecer aos formuladores de políticas avaliações científicas regulares sobre a mudança do clima, suas implicações e possíveis riscos futuros, bem como para propor opções de adaptação e mitigação. Atualmente, o IPCC possui 195 países membros, entre eles, o Brasil.

são compostados; os 81% restantes são descartados em aterros sanitários, incinerados (o que libera gases do efeito estufa e outros gases tóxicos) ou vão para o oceano. A partir da taxa atual de produção de resíduos, estima-se que esse número aumentará 70%, chegando a 3,4 bilhões de toneladas em 2050.

Os prognósticos são desanimadores. Nenhum estudo mostra uma diminuição da poluição, incluindo a geração de resíduos, ou uma desaceleração do aumento da temperatura. Há inclusive especialistas e estudiosos que atribuem a essa destruição do meio ambiente o possível surgimento de novas doenças potencialmente endêmicas. Isso porque regiões que antes estavam conservadas e em equilíbrio, ao serem devastadas, podem liberar agentes patógenos. Além disso, essas áreas muitas vezes são destinadas à agropecuária em larga escala, inclusive com grandes confinamentos de animais, o que também pode provocar o surgimento de superpatógenos.

## Um futuro sem austeridade

Desde 2015, ouvimos que os cortes de gastos e as reformas liberais são necessários para gerar crescimento. O que temos visto, entretanto, é o aumento do desemprego, crise social e econômica e a piora nos indicadores fiscais.

Nos últimos anos, o avanço neoliberal, no campo econômico, aliado ao autoritarismo, no campo político, e ao conservadorismo, no campo cultural e religioso, criou um cenário regressivo para a conquista e consolidação de direitos, não raro à revelia da legislação vigente, permitindo o avanço do capital e da lógica de mercado privatista em todas as esferas da vida, inclusive na própria área social, rompendo com a lógica da responsabilidade do Estado como garantidor de direitos.

Fragiliza-se, assim, a estrutura de proteção social em um contexto de aumento da pobreza e das desigualdades sociais, em um país com investimentos sociais já cronicamente insuficientes diante da gigantesca e histórica dívida social. Somado a isso, a pandemia de covid-19 deixará marcas e traz a necessidade de reconstrução. Famílias e empresas devem sair da crise mais endividadas e com menos renda, reduzindo a capacidade do setor privado de alavancar o crescimento. Assim, o Estado precisa ter um papel ativo na retomada, coordenação e indução dos investimentos. A crise também cria novas demandas por proteção social e serviços públicos. Um programa de renda básica emergencial pode se prolongar muito além do período de isolamento social, já que a recuperação da renda e da produção não será imediata e nem haverá emprego para todas as pessoas disponíveis ao trabalho. As demandas da saúde pública também devem aumentar em relação ao passado recente, dada a necessidade de atendimento continuado aos atingidos pela covid-19, de manutenção da nova infraestrutura e equipamentos e de preparação para outras ameaças sanitárias.

Dessa forma, é preciso enterrar a austeridade fiscal e revogar o teto de gastos. A austeridade fiscal é a cloroquina da economia: é prescrita como remédio, apesar de não ter eficácia comprovada e apresentar efeitos colaterais danosos. Isso sem contar que absolutamente nenhum país desenvolvido adotou essa medida. É o ditado popular "faça o que eu digo, não faça o que eu faço", que tem raízes no Consenso de Washington e é parte do receituário neoliberal em estado puro.

Sairemos dessa crise com pelo menos três lições específicas e um aprendizado geral. Primeiro, os Estados nacionais devem investir maciçamente em saúde pública para se prepararem para outros eventos dessa proporção. Segundo, as estruturas produtivas e tecnológicas nacionais precisam ter apoio público para o desenvolvimento de setores essenciais, uma vez que o livre comércio internacional não garante o abastecimento de produtos estratégicos para situações como a atual. E, terceiro, é necessário aprimorar os mecanismos de assistência social e, para isso, a renda básica universal temporária pode ganhar *status* de permanente em muitos países.

A lição geral é que se o Estado pode, por meio de solidariedade social e esforço coletivo, mobilizar recursos para vencer o vírus, pode também garantir plenamente os direitos humanos, vencer mazelas sociais como a miséria, a falta de moradia, o desemprego e os desafios ambientais.

É evidente que a sociedade do futuro está em aberto e ninguém espera que o mundo se transforme apenas a partir de aprendizados coletivos, independentemente das estruturas de classe e dos interesses constituídos. Da derrocada do neoliberalismo, podem ganhar impulso tanto tendências autoritárias e nacionalistas quanto novas forças transformadoras e democráticas.

*Contradições entre capitalismo e democracia*

No que diz respeito à questão do poder político, o elemento mais importante da conjuntura que vivemos hoje no Brasil é a existência de uma ofensiva fascista contínua, ainda que, em alguns momentos, ela sofra derrotas. Essa ofensiva é identificável no âmbito social já há alguns anos e, no âmbito político, pelo menos desde 2018. É importante, antes de seguirmos adiante, estabelecer uma distinção entre duas formas de posicionamentos antidemocráticos: o fascismo e o liberalismo.

O liberalismo e o neoliberalismo, em seu núcleo constitutivo, são antidemocráticos, não há dúvida. Ambos rechaçam por princípio a participação popular na tomada de decisões políticas. E o fazem porque entendem que essa participação ameaça, potencialmente, os interesses econômicos da burguesia, classe social que está intimamente vinculada à construção das teorias e dos regimes liberais.

O fascismo, por sua vez, é uma reação violenta contra todas as formas de modernização que emergiram na Europa dos séculos XVII e XVIII e, especialmente, contra os diferentes discursos que afirmavam alguma forma de igualdade, seja o discurso liberal das igualdades formais e dos direitos individuais, seja o discurso democrático e socialista da igualdade substantiva e do direito universal de participação nas decisões políticas. O fascismo é, por sua natureza, um movimento político saudosista de uma sociedade na qual as diferenças sociais estavam estabelecidas de maneira formal, negando, portanto, qualquer forma de igualdade. Os fascistas são, portanto, inimigos tanto dos liberais como da esquerda socialista e comunista. A atual situação política brasileira é caracterizada exatamente pela passagem de uma ofensiva antidemocrática liberal para uma ofensiva fascista ainda mais antidemocrática e reacionária em diversos âmbitos e aspectos da vida social. Para entender essa passagem e os desafios que ela apresenta aos setores populares, é necessário fazer uma recapitulação da relação das nossas elites econômicas e sociais com a democracia. É possível descrever de forma sintética a dinâmica que abriu uma oportunidade para a manifestação explícita do fascismo à brasileira, que, de alguma forma, sempre esteve latente em nosso país.

Depois dos avanços observados durante os anos dos governos populares, o momento atual trouxe um retorno ao processo de fechamento dos espaços de influência democrática sobre a distribuição da riqueza. Durante os governos do PT, em uma situação em geral economicamente favorável, foi possível operar medidas voltadas para os interesses dos segmentos socialmente subalternos da população, sem romper com as linhas gerais da hegemonia burguesa constituída nos anos de governo de Fernando Henrique Cardoso. Na conjuntura da crise que se iniciou em 2008, no entanto, essas condições foram aos poucos desaparecendo e o tipo de acordo que Lula costurara a partir de 2003 com parcelas importantes das classes dominantes brasileiras foi se tornando inviável. Mesmo assim, a força eleitoral de Lula e do PT, ainda que em um contexto de crise econômica, demonstrou ser um ativo político formidável. Para enfraquecer esse ativo, a oposição burguesa aos governos petistas precisou mover uma gigantesca campanha de difamação e mobilização, operada principalmente pelas Organizações Globo, centrada nas "investigações" da força-tarefa da Lava-Jato. Essa operação midiático-judicial de dimensões inéditas na nossa história, no entanto, além de atingir os governos petistas, terminou por enfraquecer o conjunto do sistema político originado pela Constituição de 1988, fortalecendo, ainda que de maneira indesejada, segmentos da política e da opinião pública saudosos do regime militar (em especial da chamada "linha dura", aqueles que não aceitaram a transição controlada delineada por Golbery e Geisel durante a presidência deste último).

A vitória de Bolsonaro foi uma vitória, em grande medida, da oposição ao regime democrático, ainda que isso não estivesse claro para muitos que nele votaram. Bolsonaro é a expressão pública de uma parcela profundamente reacionária da sociedade, que aproveitou a crise política ocasionada pela brutal campanha midiática contra o PT para se apresentar com força no cenário político nacional. Bolsonaro e seu círculo político historicamente mais próximo não têm vínculos orgânicos com o projeto neoliberal. Ao contrário. Sua associação com o neoliberalismo, representado pela figura de Paulo Guedes, é o pedágio pago por Bolsonaro às classes dominantes econômicas brasileiras. Estas, diante da crise econômica e do fortalecimento da posição dos trabalhadores nas negociações salariais durante os governos petistas, em virtude do quase pleno-emprego, almejavam uma ofensiva radical contra os direitos trabalhistas e o emprego, para reduzir a massa salarial e enfraquecer os trabalhadores. Bolsonaro aceitou bancar essa agenda, em troca do apoio dessas classes.

Mas a agenda orgânica de Bolsonaro é ainda mais terrível. Ela passa por três frentes, solidamente articuladas entre si, formando um todo coerente e inequivocamente fascista: a mais antiga é a agenda racista e demófoba do "bandido bom é bandido morto", que legitima a violência contra as camadas mais pobres da população (sobretudo, homens e negros) e o fortalecimento das milícias, herdeiras dos grupos de extermínio e esquadrões da morte, e de seus negócios ilegais, baseados na coação e no achaque; a segunda é a agenda dos valores morais reacionários, que visa reagir ao avanço das mulheres na conquista de direitos obtidos desde a década de 1970 e da população LGBTQIA+, em anos mais recentes; a terceira frente, que articula as outras duas, é o autoritarismo político, entendido como o único caminho virtuoso possível para conter o que o bolsonarismo entende como degradação dos valores morais da sociedade brasileira, que encontraria eco na corrupção do sistema político que seria típica, também de acordo com o bolsonarismo, dos regimes democráticos. Permeando essas três frentes, há o elemento religioso, e apoio a vertentes mais fundamentalistas atreladas às igrejas evangélicas pentecostais e neopentecostais.

A agenda de Bolsonaro, portanto, tem como momento de culminação o fechamento do regime. Quanto a isso, não podemos ter dúvidas. E esse fechamento seria operado em favor de uma política radicalmente anti-igualitária: contra as conquistas dos mais pobres, dos/as negros/as, dos nordestinos/as, das mulheres, dos LGBTQIA+, dos povos indígenas. Ou seja, trata-se de uma reação radical à agenda e às conquistas do conjunto de movimentos populares, sindicais e da esquerda organizada que se constituíram no país a partir de meados dos anos 1970 e que pressionaram a política brasileira em busca de igualdade, liberdade, democracia e direitos sociais. E, para aplicar essa agenda, Bolsonaro busca mobilizar bases de apoio relativamente amplas e, ao menos parte delas, dispostas ao uso da violência. Trata-se claramente de um projeto fascista. A força desse projeto tem passado por oscilações ao longo desse governo. A relação do bolsonarismo com a direita liberal tradicional é marcada por aproximações e tensões. As aproximações se dão principalmente no campo da economia. E as tensões, que não são desprezíveis, se dão no campo da política: o projeto autoritário de Bolsonaro ameaça os interesses do Judiciário e do Legislativo. Na conjuntura da pandemia e da insistência de Bolsonaro em adotar uma política negacionista, movida pelo desespero com a quebra da economia, essas tensões se aprofundaram.

Não podemos duvidar, no entanto, da disposição do bolsonarismo para levar sua agenda adiante, caso as circunstâncias assim o permitam. Assim como não podemos duvidar dos custos que a aplicação dessa agenda representaria para os diversos segmentos oprimidos e subalternos de nossa sociedade. O ponto de partida dos segmentos populares, diante do sistema político estabelecido pela Carta de 1988, é, sem dúvida, um olhar crítico: participação limitada, direitos limitados, possibilidade de controle do poder econômico sobre o processo político etc. Além disso, os direitos formais estabelecidos na Constituição não impedem que o Estado e suas ramificações paraestatais adotem medidas de violência brutal contra as populações mais pobres e vulneráveis. O que desejamos é um regime francamente participativo e capaz de atender às demandas desses segmentos pobres e vulneráveis, para que eles deixem de sê-lo. O que queremos, portanto, é que os interesses das maiorias sociais estejam representados como posições da maioria política. No entanto, a própria possibilidade de que os movimentos organizados dessas populações existam e se manifestem publicamente encontra-se sob a ameaça da agenda fascistizante do bolsonarismo. A preservação dos direitos garantidos pelo regime liberal-representativo, por mais limitados que sejam, é hoje uma condição necessária para que possamos prosseguir buscando o alargamento desse regime em uma direção democrática.

No atual contexto, temas vinculados à segurança pública, tais como "criminalidade", "violência" e "corrupção", ganharam uma posição central no debate político. As eleições presidenciais de 2018 reforçaram "soluções" ancoradas fortemente na tradição autoritária anterior à Constituição Federal de 1988. Como já abordado anteriormente, o populismo penal (mais repressão, leis penais mais duras, sentenças mais severas e execução penal sem benefícios) apresenta-se como "solução" nesse debate. Assim, reforça-se a tradição autoritária do Estado brasileiro, por meio de propostas que promovem a violação sistemática dos direitos, de garantias fundamentais e o abandono de valores centrais da vida democrática.

Não seria exagero afirmar que, atualmente, vive-se uma crise dos direitos humanos sem precedentes no período pós-redemocratização, estando os princípios da chamada Constituição Cidadã de 1988 sob constante ataque. No discurso e na prática, assiste-se, de um lado, à desproteção social crescente de grupos vulneráveis (pobres, moradores de favelas, idosos, mulheres, pessoas LGBTQIA+, afrodescendentes, quilombolas, militantes sociais, indígenas) e, de outro, à perseguição e criminalização seletiva contra esses mesmos grupos.

O maior exemplo de medidas que não fortalecem uma sociedade justa e igualitária, muito ao contrário, é o "pacote anticrime" aprovado em 2019, que amplia as hipóteses de interpretação das justificativas da altíssima letalidade policial e da legítima defesa especificamente para agentes policiais; consolida a prisão em segunda instância; suprime recursos de defesa; amplia a captação de material para o banco de perfis genéticos, contra a garantia constitucional de vedação à autoincriminação; autoriza a escuta de conversa telefônica de advogados, fragilizando o direito de defesa internacionalmente reconhecido; aumenta os poderes do delegado em relação aos do juiz; amplia as hipóteses de audiências por videoconferência, contra o direito do preso de estar na presença do juiz; dentre outras medidas que buscam enfraquecer o sistema de garantias fundamentais da Constituição Federal.

Ainda no âmbito político, é necessário analisar os impactos desta dinâmica sobre a relação do Estado brasileiro com outras nações. Nesse campo, é evidente o impacto destas mudanças na política externa brasileira. O governo de Jair Bolsonaro propõe uma mudança radical que inclui o abandono das relações sul-sul e a retomada da subordinação aos Estados Unidos, bem como o combate ao multilateralismo – ou "globalismo" – em defesa do chamado "Ocidente" cristão. A autorização para a instalação da base militar de Alcântara, a cessão onerosa do Pré-sal, a venda de empresas estatais ou de grande parte das ações como a Embraer e a Petrobras são medidas que atacam fortemente a soberania e autonomia nacional.

Outro elemento de forte preocupação tem sido a defesa da invasão da Venezuela por parte dos Estados Unidos, em apoio a uma visão imperialista que rompe com os princípios de defesa da autodeterminação dos povos e da estabilidade regional. Esse debate leva às questões mais recentes em relação à política de defesa no Brasil.

Com a crise de 2008, a ascensão mundial de um modelo multilateralista, a descoberta do Pré-sal e o aprofundamento da integração regional, observamos o aumento do assédio dos Estados Unidos aos militares brasileiros. Para os estadunidenses, desde a Guerra Fria, o papel das Forças Armadas latino-americanas é o de contenção do inimigo interno. Por influência dos estadunidenses, as Forças Armadas são, por exemplo, mais pró-EUA que pró-América Latina. Isso é facilmente observável na missão de paz do Haiti, que serviu como escola para o posterior engajamento das tropas brasileiras nas favelas cariocas.

A crescente demanda por segurança por parte dos cidadãos, que se veem acuados tanto pelo aumento da criminalidade quanto pela violência policial, redundou no cada vez mais frequente uso das Forças Armadas em operações de Garantia da Lei e da Ordem (GLO). Previstas na Constituição (Artigo 142 da Constituição Federal de 1988), reguladas por leis complementares e portarias, as GLO são instrumentos constantes de segurança interna – houve 133 operações entre 1992 e 2008, em movimento ascendente desde o segundo governo Lula (2007-2010).

*O convencimento, a cooptação e a ameaça como soft power (poder brando)*
Se a questão militar nos faz pensar nas Forças Armadas como um aparelho de Estado ainda não plenamente submetido ao poder civil, despontando como possível elemento a obstruir um processo de trans-

formação profunda da sociedade a partir da força bruta, devemos pensar também em mecanismos que do ponto de vista cotidiano exercem este mesmo papel, mesmo que sem a capacidade de coerção militar, como as grandes corporações de mídia digital, como Google e Meta.

Como já está fartamente demonstrado, essas corporações conseguem identificar e analisar tendências estéticas, culturais e políticas de seus usuários, ao passo que também as moldam por meio da coleta indiscriminada e do tratamento massivo de dados pessoais. Essa configuração facilita significativamente o direcionamento e manipulação da propaganda política, prática que impacta profundamente a democracia. Empresas especializadas em garimpar dados passaram a vender influência sobre escolhas de opinião pública num cenário de ausência de regulamentação específica.

Uma tentativa de proteção dos direitos civis na internet (liberdade de expressão, privacidade etc.) em âmbito nacional foi a lei denominada Marco Civil da Internet (MCI), de 2014. O MCI reflete a disputa capitalista entre o "novo capital" informacional-digital (Google, Meta etc.) e o "velho capital" das operadoras de rede que controlam a infraestrutura de telecomunicações, disputa essa expressa no debate sobre a "neutralidade de rede".

Esse embate está colocado não somente em nosso país, mas nos principais centros capitalistas do mundo, e suas definições estão sujeitas às repactuações no interior do próprio capital midiático-financeiro. Dessa forma, é mais que urgente construir um programa de regulação e de políticas públicas para as comunicações que garantam um mínimo de diversidade e pluralidade aos conteúdos, coloquem em prática os dispositivos constitucionais que entendem a comunicação como direito e bem público, além de proteger a democracia e os cidadãos da captação indevida de dados para fins de manipulação política.

## 2. O BRASIL COM O QUAL SONHAMOS

Como fazer frente a esse momento histórico tão complexo, que conjuga tantas crises de diferentes naturezas? Aqui, buscaremos traçar algumas propostas para o desafio de construção de um Projeto Popular para o Brasil centrado na justiça social, igualdade, liberdade, diversidade e que abra caminho para um processo de refundação nacional colocando o país em um rumo radicalmente democrático, sustentável e soberano – e também superando as cinco dimensões da crise apontadas anteriormente, ou seja, a mercantilização da vida, a submissão do Estado ao capital, a capitalização dos bens públicos à financeirização e o esgotamento do capitalismo.

A superação desse momento histórico só pode ser alcançada por meio de um projeto que conjuga uma interpretação da nossa crise e dos desafios para superá-la, partindo do pressuposto que isso só será materializado com a união de forças sociais, econômicas, políticas e culturais, mobilizando-as para uma longa empreitada de profundas transformações. O futuro é inédito e está para ser permanentemente construído e refundado.

O desafio colocado é a elaboração de propostas concretas para os problemas da sociedade brasileira, apontados anteriormente, que nos façam ver com clareza a possibilidade de transformação social. Para isso, faz-se necessário criar novas formas de gerir o Estado e as relações sociais e econômicas, o que implica novas formas de produzir, distribuir, consumir, habitar e conviver.

Nossas propostas buscam combinar duas dimensões: propostas de curto a médio prazo que melhoram a vida do povo, mas que também apontam para transformações profundas, e de longo prazo, que busquem uma nova sociedade fundada em novos paradigmas, como: garantir a todos/as brasileiros/as uma vida boa e que valha a pena ser vivida; garantir que todos os bens que tornam possíveis boas condições para a vida humana sejam acessíveis a todos/as; enfrentar todas as dimensões da desigualdade: econômica, regional, cultural, racial, de gênero, de conhecimento, de acesso a serviços sociais de qualidade, divisão social e sexual do trabalho etc., tomando a igualdade um pilar inegociável e respeitando as diversidades; e radicalizar a democracia por meio da participação e da soberania popular.

Partimos do pressuposto de que o desenvolvimento social e econômico são aspectos inseparáveis e devem estar pautados pela sustentabilidade ambiental e pela soberania popular e nacional. Nesse sentido, o desenvolvimento econômico e social, bem como a distribuição de renda, devem caminhar sempre juntos. Faz-se imprescindível, assim, pôr em prática uma nova lógica de operação da economia brasileira que garanta, de forma simultânea e indissociável, um processo pautado pelo dinamismo econômico e uma profunda transformação social. Para isso, o Estado brasileiro deve voltar-se para os *motores sociais* essenciais do crescimento econômico, ou o que pode ser chamado de *frentes de expansão*: a distribuição de renda, a oferta de infraestrutura econômica e social e a conservação e o uso racional dos bens naturais.

O conceito de desenvolvimento pode ser definido como um processo histórico marcado pelo crescimento econômico e por mudanças estruturais. O crescimento – aumento da produção de bens e serviços materiais e imateriais – não pode ser o fim último de um processo de desenvolvimento. Esse crescimento decorre não apenas da produção de bens de consumo supérfluos, mas também de alimentos, da construção de moradia e de mobilidade urbana, de serviços de saúde e saneamento, de educação e cultura, de lazer e turismo, de preservação da natureza.

A recuperação e sustentação de uma trajetória virtuosa de crescimento com redistribuição de renda deverá incluir o fortalecimento das cadeias produtivas nacionais, especialmente no setor industrial, assim como o fortalecimento da inovação e do sistema de ciência e tecnologia e de políticas garantidoras da sustentabilidade ambiental. Pautar-se nas *frentes de expansão* da economia brasileira é, sobretudo, discutir o sentido do desenvolvimento econômico e tecnológico do sistema industrial brasileiro, não só visando recuperar sua competitividade, como também garantir que os frutos do crescimento econômico sejam realmente revertidos na melhoria da vida cotidiana da população brasileira.

Esse caminho, sabemos, nos traz inúmeros desafios. Diversos consensos liberais se enraizaram no Brasil nas últimas décadas e encontram adesão não apenas das elites econômicas e políticas, mas também de uma grande parcela da população. Um deles diz respeito à ideia de que os "gastos sociais" são imprudentes e precisam ser cortados para que a economia do país seja sustentável. A realidade, porém, demonstra o oposto disso: a distribuição de renda e o investimento social são extremamente benéficos ao crescimento econômico e à diversificação produtiva e tecnológica e, por isso, funcionam como "motores" do desenvolvimento econômico. De um lado, a distribuição de renda é fundamental para a consolidação de um mercado interno dinâmico. A ampliação da renda das famílias fomenta o consumo, induzindo os investimentos privados na expansão da produção e impulsionando a geração de emprego e renda, o que se reverte em mais consumo, investimento e renda. De outro lado, o investimento social tem efeitos de curto prazo, por meio dos multiplicadores de gasto e da geração de empregos, e efeitos de longo prazo, por meio da melhora da qualidade de vida das pessoas e da produtividade do sistema.

Outra frente de expansão são os investimentos na infraestrutura econômica e social. Políticas de expansão (com ênfase em tecnologias ambientalmente sustentáveis) das infraestruturas de energia, transporte e telecomunicações, aliadas a políticas de educação e inovação, aumentam a produtividade e a competitividade sistêmicas, têm forte impacto sobre renda e emprego e, quando acompanhadas de fomento à diversificação nas cadeias produtivas correspondentes, dinamizam a oferta de setores como construção civil, bens de capital, química fina, tecnologias de informação e comunicação (TICs) etc.

Se nos remetermos ao investimento em infraestrutura, estamos também tratando de industrialização, pois o crescimento da indústria é condição necessária para o desenvolvimento. A experiência internacional ensina que nenhum país se desenvolveu sem uma indústria forte e competitiva. No Brasil, após um longo período de crescimento liderado pelo processo de diversificação e integração da estrutura industrial (1950-1980), observa-se a progressiva perda de dinamismo da indústria. A instituição de um padrão de crescimento sustentado requer a elevação e a alteração do padrão estrutural do investimento, transformando no médio prazo a matriz produtiva e o padrão de comércio exterior vigente. Também depende de políticas industriais e de inovação voltadas para incrementar atividades intensivas em tecnologia, bem como de ações específicas voltadas para as pequenas empresas.

O desenvolvimento da indústria também deverá ser visto como parte das *frentes de expansão* e priorizar áreas relacionadas às demandas sociais históricas no Brasil – como mobilidade urbana de qualidade, saneamento básico, habitação popular, saúde, educação, diversificação produtiva, controle e sustentabilidade ambiental, segurança e soberania alimentar etc.–, articulando as demandas sociais ao desenvolvimento do setor produtivo por intermédio das políticas públicas.

Todas essas transformações produtivas dependem da existência de um mercado de trabalho dinâmico, apoiado em uma estrutura produtiva diversificada, que propicie oportunidades de empregos de qualidade para trabalhadores dos diferentes níveis de qualificação e que se beneficie desse aumento do poder de compra da população. Somente o comprometimento com um projeto que diversifique a estrutura produtiva e aumente seu grau de complexidade tecnológica poderá fazer frente ao desafio de reestruturar o mercado de trabalho no Brasil, permitindo combater a desigualdade social. Na atual configuração e estágio do capitalismo, apenas uma parcela da sociedade tem acesso a empregos. Mesmo entre aqueles que acessam o mercado de trabalho, há uma crescente segmentação entre os *com trabalho* e os *sem trabalho*, entre formais e informais e entre protegidos e vulneráveis. Essa lógica é ainda mais perversa quando se leva em conta a diversidade de situações sociais e regionais, de gênero e raça.

Já a ampliação da oferta de serviços públicos universais, que atendam com qualidade ao conjunto da população, não apenas tem a capacidade de ampliar o consumo coletivo como pode coadunar-se com políticas voltadas para a economia local e regional, alterando a cesta de consumo da população, promovendo o desenvolvimento local e regional e privilegiando os micro e pequenos empreendimentos. Dessa forma, a consolidação de um forte mercado interno de consumo por meio da distribuição de renda deve ser acompanhada por uma discussão em torno da qualidade do consumo, tanto de bens privados quanto de bens públicos.

É também necessário atuar sobre a questão do financiamento dos investimentos de longo prazo que requer o reforço do papel dos bancos públicos. O sistema financeiro privado preserva sua rentabilidade em aplicações de curto prazo, evitando o risco maior dos projetos de investimento de longo prazo. Para possibilitar uma efetiva articulação entre os investimentos públicos e privados de longo prazo, será necessário privilegiar o papel desempenhado pelo Banco Nacional de Desenvolvimento Econômico e Social (BNDES), pela

Caixa Econômica Federal e pelo Banco do Brasil como instrumentos indutores e de estímulo ao mercado de capitais.

Os bancos públicos, em particular, têm um papel fundamental na sustentação do investimento produtivo e social, um dos principais motores do desenvolvimento. A administração dos bancos públicos e as políticas de créditos em geral, que incluem o direcionamento do crédito privado, devem priorizar os objetivos sociais da estratégia de desenvolvimento.

Todas essas premissas que nos guiam rumo a um Projeto Popular para o país exigem, como já mencionado, uma nova forma de gerir o Estado que vai na direção oposta a do neoliberalismo reinante. Entre os desafios está a configuração de um Estado que busque assegurar melhor relação de forças entre os interesses econômicos imediatos e a visão sistêmica e de longo prazo de um desenvolvimento equilibrado e sustentável, de modo também a responder aos diversos desafios da humanidade que não serão resolvidos pelo capitalismo, como a fome e as mudanças climáticas.

Repensar a gestão do Estado também passa por repensar a democracia na qual vivemos e suas limitações. O aprofundamento democrático só pode ser real e efetivo com a democratização dos espaços públicos de decisão. A radicalização da democracia só pode ocorrer se enfrentadas as desigualdades e a exclusão, com o respeito às diversidades e por meio da efetiva participação cidadã. Para que as políticas públicas sejam efetivas e de qualidade, por exemplo, é essencial que a população possa participar do seu desenho, gestão e avaliação; tal medida gera valorização das ações e resolução de problemas de forma coletiva, pautadas pela valorização da ideia de cooperação e comunitarismo. Além do mais, acompanhar e avaliar a execução das políticas e serviços públicos contribui para uma melhor qualidade deles, o que possibilita que a população, na prática, identifique os lados positivos da ação estatal.

Nesse sentido, lembremos que a Constituição trata a justiça como tema amplo, que não apenas envolve as pretensões – individuais e coletivas – levadas ao Judiciário, mas a promoção de políticas públicas que ajudem a construir uma sociedade livre, justa e solidária. A função do Sistema de Justiça na distribuição de direitos é decisiva, uma vez que cabem aos seus órgãos (Magistratura, Ministério Público e defensorias públicas), além da advocacia, a disputa pela interpretação das leis. Ou seja, a função mais importante na democratização da justiça e na promoção dos direitos humanos é daqueles agentes do Estado a quem cabe dizer qual o sentido em que a lei deve ser aplicada, seja no caso de limitar a atuação do Estado, seja no caso de avaliar políticas públicas ou mesmo obrigar o Estado a agir.

Mas a função democrática de julgar a adequação dos atos políticos (do Legislativo e do Executivo) à Constituição Federal cabe ao único poder político da República que não possui qualquer instrumento de controle democrático. Assim, sua tarefa de arbitrar conflitos de acordo com regras democráticas predefinidas, sua mediação entre os diferentes grupos sociais, e destes contra o Estado, revela-se, no mínimo, problemática, precisando, portanto, ser revista e reformada.

Todas essas questões apresentadas são essenciais para pensar um projeto popular para o país. São pontos de partida a partir dos quais será possível traçar propostas e ações concretas que possibilitem mudanças a curto-médio prazo e que apontem para um horizonte de transformações mais profundas. A seguir, elencamos algumas dessas propostas, divididas em três eixos: "Desenvolvimento econômico com igualdade"; "Um Estado democrático e com soberania popular"; "Garantia de direitos, igualdade e diversidade".

## A) Desenvolvimento econômico com igualdade

*Reforma tributária*

Para que ocorra um desenvolvimento econômico com igualdade, propomos, antes de tudo, adotar medidas que visem a superação do chamado "tripé" macroeconômico (um velho consenso liberal). A exemplo de outras nações, essas medidas poderiam ser caracterizadas como: destinação de um percentual não fixo do PIB para o pagamento de dívidas do Estado, variando conforme a arrecadação (chamado regime de bandas fiscais); determinação de patamares mínimos e máximos para o valor da moeda estrangeira, contando com a intervenção do Estado para mantê-la nos limites estabelecidos (o câmbio flutuante administrado); flexibilização do Regime de Metas de Inflação (o Brasil, hoje, é um dos poucos países que utilizam a meta anual como horizonte).

Outra medida necessária, nesse sentido, é a diminuição das taxas reais de juros básicos, criando mecanismos institucionais para fomentar o desenvolvimento de um mercado de financiamento privado de longo prazo. Em particular, com a queda da taxa de juros, deve-se canalizar para os investimentos os recursos oriundos da reestruturação dos planos de negócios de diversos agentes econômicos, especialmente fundos de previdência privada e aberta, que hoje batem suas metas atuariais aplicando a quase totalidade dos seus recursos na dívida pública, que traz alta rentabilidade e risco muito baixo. O volume enorme de recursos desses fundos, que superam em muito aqueles do BNDES, pode ser orientado ao horizonte de longo prazo e direcionado para financiar investimentos na infraestrutura social.

Defendemos, ainda, para a construção de um desenvolvimento econômico com igualdade, que ocorra o investimento de forma massiva e sistemática em ciência e tecnologia, visando à formação de profissionais de alto nível, cientistas e pesquisadores, sem distinção de prioridades entre ciência básica e ciência aplicada, entre ciências exatas, naturais e sociais, considerando os setores críticos do desenvolvimento nacional, fortalecendo a universidade pública e os institutos de ensino e pesquisa, investindo em infraestruturas laboratoriais e na formação de pessoal de nível superior.

Com isso, é possível combinar uma política industrial e macroeconômica com taxa de juros e de câmbio que permitam a nossos produtores competirem com seus congêneres estrangeiros, assim como aprimorar o tratamento tributário de modo a melhorar a competitividade dos produtos nacionais frente aos importados. Ou seja, a demanda interna por bens industriais pode proporcionar a diversificação produtiva necessária para amenizar a restrição externa, desde que a política econômica crie condições adequadas para o desenvolvimento da produção nacional. Para isso, são necessárias políticas cambiais, comerciais, de crédito e políticas de conteúdo local que maximizem os efeitos dinâmicos do mercado interno. Nessa consolidação do mercado interno, os investimentos na infraestrutura produtiva (transportes, logística, energia) também são fundamentais para a competitividade da produção doméstica, e devem ter atenção especial num projeto de desenvolvimento que busque equacionar as fontes de financiamento e criar o arcabouço institucional adequado.

Ademais, para garantir o desenvolvimento com igualdade, faz-se necessário promover uma mudança estrutural dos impostos, inclusive do cálculo do Imposto de Renda. Todos os rendimentos, independentemente de sua origem (capital ou trabalho), devem ser submetidos à tabela progressiva de incidência. É preciso revogar os dispositivos que permitem a distribuição dos lucros e dividendos com isenção ou tributação favorecida (artigos 9º e 10º da Lei 9.249) e submeter esses rendimentos, bem como os rendimentos relativos a aplicações financeiras e ganhos de capital, à tabela progressiva, sem prejuízo das retenções na fonte. Sem essa medida, a elevação da alíquota máxima só alcançaria os rendimentos do trabalho. Nesse sentido, propomos reestruturar a tabela progressiva do Imposto de Renda, aumentando o limite de isenção para o equivalente ao salário mínimo mensal calculado pelo Departamento Intersindical de Estatística e Estudos Socioeconômicos (Dieese) e ampliar o número de faixas de incidência, com alíquotas mais elevadas, a partir dos rendimentos acima de 40 salários mínimos mensais.

Com relação ao Imposto Territorial Rural (ITR), defendemos a realização da administração compartilhada desse imposto entre a União e os entes federados, pois essa medida visa a observar os aspectos fundiário e ambiental contemplados no tributo para que ele funcione como indutor do cumprimento da função social da terra.

Outra medida necessária para diminuir a desigualdade social é a elevação das alíquotas máximas do Imposto sobre Herança. Há propostas no Congresso Nacional para tributar a herança no imposto de renda, com alíquotas variando de 15% a 20% para heranças acima de cinco milhões de reais.[1] Nesse sentido, também é essencial regulamentar o Imposto sobre Grandes Fortunas.

Em contrapartida, é possível reduzir as alíquotas da Contribuição para Financiamento da Seguridade Social (Cofins), pois a perda de arrecadação poderia ser compensada com maior tributação sobre a base renda ou patrimônio. Para isso, há várias alternativas: aumento de alíquotas da contribuição social sobre o lucro líquido, criação de contribuição social sobre o grande patrimônio ou sobre a riqueza financeira ou, ainda, contribuição social sobre a distribuição de lucros aos sócios e acionistas.

---

[1] Precisamos de uma referência mais ampla do que o valor nominal: cinco milhões equivale a 4.125 salários-mínimos.

Para garantir desenvolvimento econômico com justiça social, é preciso operar a distribuição equilibrada da carga tributária entre renda, consumo e patrimônio. Para isso, é necessária a aplicação efetiva do princípio da seletividade previsto na Constituição Federal, reduzindo a tributação sobre os bens essenciais, como os da cesta básica e outros de consumo básico popular, aumentando as alíquotas sobre os de luxo e supérfluos.

Já o setor extrativo mineral requer uma forma diferenciada de tributação que abarque renda, patrimônio e a própria extração. O setor extrativo mineral possui um alto potencial arrecadatório e algumas peculiaridades: são recursos naturais esgotáveis que não beneficiarão as gerações futuras e trazem custos ambientais e sociais. A participação do Estado na renda extrativa deve se dar não apenas pela tributação, mas também pela cobrança de *royalties* e compensações financeiras. Eventuais danos ambientais e sociais das atividades devem ser internalizados como custos nos projetos de exploração. Uma justa tributação com fins sociais deve também estabelecer taxas mais elevadas para operações realizadas com paraísos fiscais. Para o setor extrativo, a utilização de paraísos fiscais nas transações de recursos minerais deve ser vedada por lei.

Com relação à tributação das empresas multinacionais, propomos revisar os acordos fiscais. A medida é necessária para evitar que as multinacionais busquem a aplicação de acordos que as favoreçam, agravando o quadro de regressividade do sistema de tributação. Devemos defender, nos órgãos internacionais, a tributação de multinacionais como entidades únicas; deixar de tratar as filiais como entidades separadas permitiria que cada país tribute os lucros das empresas proporcionalmente às atividades realizadas em território nacional. É necessário exigir, por lei, maior transparência dessas empresas multinacionais em seus informes tributários e financeiros. Os relatórios devem ser divulgados em todos os países em que a empresa opera, independentemente do valor do lucro.

Outra medida necessária no âmbito da tributação é a reconfiguração da política de renúncias fiscais, de forma a torná-la compatível com o projeto popular de desenvolvimento, para que ela seja orientada pela transparência e controle social, pelo fortalecimento das políticas públicas, especialmente de saúde e educação, ampliação das cadeias produtivas, estímulo à sustentabilidade, dentre outros.

*Direito ao trabalho e à renda*

Com relação ao mundo do trabalho, é primordial articular a garantia dos direitos trabalhistas com o combate a todas as formas históricas de exclusão e discriminação pela condição de gênero e/ou de raça, uma vez que esses aspectos estão profundamente entrelaçados. Assim, se faz necessário repensar as formas de inserção no mundo do trabalho, para que todas as pessoas possam ser incluídas igualmente, independentemente de sua identidade de gênero, orientação sexual, origem e etnia/raça. Com isso, o desenvolvimento econômico com igualdade social requer medidas de defesa dos direitos e da proteção trabalhista, essencial para não permitir um rebaixamento ainda maior das condições de vida e o enfraquecimento das instituições públicas na área do trabalho. Ao mesmo tempo, deve-se encarar a nova realidade e ser capaz de formular alternativas de políticas de proteção social aos trabalhadores, de caráter mais universal, como direito de cidadania e independente de sua condição de formalização.

Nesse sentido, é preciso fortalecer as instituições públicas responsáveis pela regulação pública do trabalho, que estão sendo desconstruídas para ampliar a liberdade do capital de determinar as condições de contratação, uso e remuneração do trabalho. É um campo em disputa, no qual se faz necessário reforçar seu papel como instrumento de proteção social e de afirmação de direitos. Cabe ao poder público, então, garantir trabalho a todos/as e que estes trabalhos sejam reconhecidos como socialmente relevantes para o coletivo da comunidade. Mais do que nas etapas anteriores do capitalismo, caberá ao poder público garantir o direito ao trabalho e à renda por meio da criação de oportunidades de trabalho para atender às necessidades da vida em sociedade e que estejam articuladas com um novo padrão de consumo e produção que respeitem a sustentabilidade ambiental e se orientem para o bem viver.

Quanto ao trabalhador do campo, é primordial estimular formas de produção de bens e serviços que sejam ecologicamente sustentáveis e promotoras de novas relações sociais, não mercantilizadas. Nessa perspectiva, é fundamental criar condições de trabalho e políticas públicas para permanência da população rural, especialmente dos jovens, tais como os ribeirinhos, quilombolas, quebradeiras de coco, extrativistas, pescadores artesanais, posseiros, sem-terra, indígenas, povos do campo, águas e florestas.

E como medida urgente do mundo do trabalho, defendemos a incorporação, no curto prazo, da agenda de defesa da renda básica universal, articulada com a proposta de criação de ocupações que atendam às necessidades coletivas que contribuam para o bem-estar coletivo da sociedade. A renda básica deve estar articulada com a proposta de redesenhar as relações de trabalho e o uso do tempo do trabalho.

Outra mudança essencial do mundo do trabalho se refere à centralidade da redução da jornada de trabalho, pauta histórica e estrutural do conjunto da classe trabalhadora como forma de gerar e distribuir empregos para a sociedade. Os avanços tecnológicos permitem tecnicamente reduzir a jornada de trabalho e, como sempre ocorreu na história do capitalismo, a questão é política e ideológica. A defesa da redução da jornada poderia estar associada ao debate mais geral sobre a distribuição do tempo entre o trabalho e o não trabalho e na própria distribuição das responsabilidades familiares por todos os seus membros. Em última instância, a reversão da atual tendência de precarização estrutural do trabalho e a construção de uma nova utopia do trabalho é definida na disputa política, na correlação de forças. Portanto, a centralidade da redução de jornada como bandeira de luta deve estar acompanhada de ações em prol do resgate do papel dos sindicatos, inclusive do ponto de vista legal, e da restauração e ampliação do direito de greve.

Frente à abundante oferta de mão de obra no mercado de trabalho formal, faz-se necessário criar as condições econômicas e sociais para incorporar esses trabalhadores/as, sobretudo jovens adultos/as, além da força de trabalho feminina, sobretudo nos segmentos mais empobrecidos da sociedade, justamente pela baixa oferta de creches. Uma medida urgente seria o aumento da formalização e das taxas de atividade, primeiro passo importante para gerar renda, investimentos e fortalecer o caixa da previdência social, assegurando um fôlego maior para planejar as demais medidas de enfrentamento às questões relacionadas ao envelhecimento da população.

Em relação à redistribuição da população no território e à geração de empregos de forma homogênea e não apenas concentrada nos grandes centros urbanos, o Estado deve gerar outros polos de desenvolvimento econômico e social inclusivos e sustentáveis, dotados de infraestruturas em saúde, educação, serviços públicos e lazer. Para isso, é preciso pesquisar e elaborar mais acerca de políticas de redistribuição populacional, uma dimensão na qual nosso acúmulo é pequeno. Já possuímos um diagnóstico a respeito da distribuição espacial da população que combina aspectos econômicos e da transição demográfica, identificando espaços de expansão e de esvaziamento populacional. Os estudos devem avançar na identificação das vocações daquelas áreas deprimidas e também na formulação de políticas que não só estabeleçam propostas para o desenvolvimento econômico, mas também assegurem ampla integração da população, garantindo pleno acesso aos serviços públicos básicos, como saúde, educação e transporte, além de moradia decente, cultura e lazer.

*Transportes*

Uma das áreas cruciais ao se pensar em crescimento e desenvolvimento é a área de transportes e logística. A missão da infraestrutura de transportes é possibilitar a mobilidade de pessoas e mercadorias no território, atendendo a um projeto de nação com o balanceamento da matriz de transportes e a intermodalidade. No Brasil, essa matriz é desbalanceada, com preponderância do modal rodoviário em detrimento de outros, como o ferroviário e o hidroviário, mais baratos e ambientalmente mais sustentáveis. Devemos buscar a intermodalidade, de forma que os diferentes modais se conectem, e, para isso, é preciso ampliar os investimentos na ampliação da malha de ferrovias, hidrovias, portos, aeroportos e rodovias que atendam aos fluxos demandados.

Com relação ao desenvolvimento desse setor, é necessário garantir investimentos de longo prazo e criar um banco especializado em infraestrutura de transportes e logística para financiar a implantação, operação e manutenção do setor. Para esse fim, será prioritária a criação de um Fundo Nacional de Infraestrutura, constituído por recursos orçamentários e impostos cobrados na exportação de minério de ferro, petróleo e soja. Com esse investimento em transportes e logística, é possível prever efeitos indiretos, como geração de empregos e criação de um parque de inovação tecnológica para a área. Isso envolveria, do ponto de vista prático, a melhoria do sistema rodoviário, bem como a expansão do sistema ferroviário e do complexo portuário.

*Petróleo e outros recursos energéticos*

Do ponto de vista energético e do petróleo, para o desenvolvimento econômico com igualdade social, propomos fazer uso dos recursos naturais e do potencial nacional de forma soberana. Para o setor energético, em especial, é crucial o controle público sobre uma das condições fundamentais para o desenvolvimento. Em relação ao petróleo, é válida a mesma ideia, agregando-se que o setor apresenta a possibilidade de ganhos que podem ser revertidos para o desenvolvimento, desde que geridos pública e racionalmente, por meio da gestão dos preços dos combustíveis, além da retomada de um parque industrial em torno da cadeia petrolífera.

## Agricultura familiar camponesa e comunidades tradicionais

Quanto ao setor agrícola brasileiro, na perspectiva do desenvolvimento econômico e social, defendemos a implantação de programas e políticas de estruturação da agroecologia como base produtiva e tecnológica da agricultura nacional, em substituição ao modelo do agronegócio e da "revolução verde". Essa transição deve estruturar as bases da soberania alimentar, garantindo o direito à definição do que comer, onde será produzido e como será produzido. Para isso, é imprescindível instituir o Programa Nacional de Transição Agroecológica para produção, industrialização, beneficiamento, armazenagem, distribuição e comercialização de alimentos saudáveis e agroecológicos. Nesse sentido, é necessário organizar uma política estrutural de agroindustrialização do campo, baseada em processos cooperativos e coletivos, com plantas de pequeno e médio porte, articulada com a reestruturação do sistema de armazenamento e comercialização dos produtos da agricultura camponesa.

Diante da centralidade da agroecologia para a organização da produção agrícola, defendemos a promoção de mudanças estruturais que possibilitem o desenvolvimento da prática da agroecologia por meio do desenvolvimento de uma agenda de pesquisa, em âmbito federal e estadual, que articule o Sistema Nacional de Pesquisa Agropecuária, instituições de ensino técnico e superior e as organizações populares, colocando o campesinato como sujeito do processo de produção do conhecimento. É decisivo também fomentar linhas de pesquisa para o desenvolvimento de máquinas adequadas para a agroecologia e a agricultura familiar e camponesa. A assistência técnica com base agroecológica deve ser universalizada, trabalhando com metodologias já bem desenvolvidas pelas inúmeras experiências realizadas. Formas populares de assistência técnica, como o "campesino-a-campesino", devem estar articuladas com as formas oficiais, as quais devem aprofundar o controle popular de seu planejamento e execução.

Outra medida imprescindível para o setor agrícola é a reformulação da política de financiamento para a agricultura familiar e camponesa. O financiamento da produção agroecológica deve estar atrelado ao objetivo de produção de alimento saudável em quantidade, diversidade e preço acessível, e precisa dialogar com as distintas realidades e estágios de transição agroecológica. Nesse sentido, além da política de financiamento para a agricultura familiar e camponesa, é preciso estabelecer um leque de possibilidades de comercialização, garantindo geração de renda para as famílias camponesas e a oferta farta e barata de alimento saudável para a classe trabalhadora urbana. Cumpre papel decisivo a comercialização institucional, pois o Estado brasileiro é um consumidor capilarizado e com gigantesco poder de compra. Associadas à comercialização institucional, as diversas formas de comercialização, como cestas, grupos e cooperativas de consumidores e feiras, devem compor uma rede de sustentação da soberania alimentar, devendo ser apoiadas pelo Estado em contraponto à lógica dos grandes distribuidores de alimentos (super e hipermercados, atacados).

Finalmente, para o pleno desenvolvimento da produção agroecológica, propomos a criação de um consistente programa de agroindustrialização da agricultura camponesa, que possibilite a estruturação de agroindústrias de pequeno, médio e grande porte vinculadas a cadeias produtivas diversificadas e regionalizadas.

Nessa perspectiva, para o desenvolvimento econômico com igualdade social no setor agrícola, é fundamental efetivar a Reforma

Agrária Popular, com estímulo à agricultura familiar camponesa e com geração de ocupações e empregos rurais e urbanos. Para isso, é preciso retomar o debate sobre o limite da propriedade rural, realizando desapropriações para fins de reforma agrária das terras que não cumpram sua função socioambiental, e organização de assentamentos em regiões estratégicas. E nesse debate, discutir a ampliação das hipóteses de desapropriações previstas em lei. Portanto, o processo de regularização fundiária deve ter como foco as famílias camponesas. E, para garantir que essa seja a prioridade da regularização fundiária, as organizações dos trabalhadores rurais devem estar à frente desse processo com o Estado.

Ainda sobre a questão fundiária, é primordial garantir o direito ao território das comunidades tradicionais, por meio da manutenção, consolidação, ampliação, demarcação e reconhecimento dos territórios indígenas e dos povos e comunidades tradicionais, bem como assegurar a demarcação e o respeito aos territórios indígenas e garantir a titulação de territórios quilombolas. É necessário, ainda, também reconhecer territórios pesqueiros – articulado ao controle da pesca industrial – e a estruturação de Unidades de Conservação de Uso Direto Sustentável. A gestão desses territórios deve estar sob autonomia de seus povos, com práticas e instrumentos como protocolos comunitários, planos de gestão territorial e garantias previstas de consulta livre, prévia e informada. Para garantir o direito ao território das comunidades tradicionais, se faz necessário combater a biopirataria e a concessão de propriedade intelectual, ou seja, de patentes, sobre os conhecimentos dos povos indígenas e comunidades tradicionais, defendendo o conhecimento tradicional dos povos.

Por fim, para o controle social dos territórios, outra medida primordial é a elaboração de zoneamentos socioeconômicos e ecológicos com participação dos povos indígenas, das comunidades tradicionais, quilombolas e de organizações da sociedade civil. Os zoneamentos ecológico-econômicos podem ser uma ferramenta útil na definição e no planejamento do que pode ou não ser modificado, desde que incluam a perspectiva das comunidades tradicionais, que sejam fiscalizados até sua aprovação e que a aplicação conte com o controle social.

## B) UM ESTADO DEMOCRÁTICO E COM SOBERANIA POPULAR
### Reforma federativa

Para a construção de um Estado democrático e com soberania popular, antes de tudo, propomos o reconhecimento e o reforço do papel do Estado na administração pública, rejeitando a visão de que o Estado deve trazer da iniciativa privada sua lógica administrativa supostamente mais eficiente, com "choques de gestão" e redução de gastos. No mesmo sentido, defender o princípio de que as ações do Estado não podem estar orientadas pelo lucro, o que seria incompatível com uma gestão pública que aponte para uma ética cidadã.

Ao mesmo tempo, defendemos o fortalecimento do protagonismo estatal conjugado com controle social, possibilitando avançar nas transformações institucionais do Estado de modo a recuperar sua capacidade de planejar e agir. Em paralelo, o Estado deve renovar as estratégias e ampliar os instrumentos para construção de pactos que respeitem a autonomia dos entes da federação, mas também fortaleçam a cooperação entre eles.

Portanto, qualquer proposta de reforma federativa deve levar em conta o enfrentamento das desigualdades regionais e o papel da União na redistribuição equitativa dos recursos no território nacional, bem como incentivar instrumentos de cooperação federativa e solidariedade territorial, como os consórcios públicos e colegiados regionais ou setoriais. Não há, entretanto, um modelo e uma diretriz únicos. Em inúmeras situações, é possível afirmar que a centralização de atividades e competências na União podem surtir bons efeitos, como, por exemplo, nas compras de bens e serviços comuns em grandes escalas, como material escolar, medicamentos, dentre outros. Em outros casos, a descentralização pode ser o melhor caminho, abrindo espaço para a inovação e a criatividade no desenvolvimento local, a exemplo do orçamento participativo, projetos de economia solidária e incentivo às micro e pequenas empresas ou à agricultura familiar. O importante é que essa escolha seja fruto de um pacto, que respeite as autonomias dos entes da Federação e fortaleça a cooperação.

Com isso, ajustar o pacto federativo permitirá uma gestão mais descentralizada e adaptada à diversidade das condições, levando em conta, em particular, a conectividade que hoje permite uma gestão mais horizontal, em rede, e sistemas participativos. Isso possibilitaria racionalizar e agilizar a gestão local, e liberaria o governo central das microdemandas regionais para se concentrar nos desafios nacionais. Para tanto, é primordial elaborar um modo de concepção, desenho, execução, monitoramento e avaliação de políticas públicas em que a construção coletiva, para além da mera participação, não seja uma característica marginal ou cosmética, mas central, imprescindível e fator de distinção das políticas públicas; essa participação popular deve estar calcada nos direitos humanos e priorizar a promoção da igualdade, da inclusão social, da sustentabilidade socioambiental e da reconstrução das amplas capacidades do Estado.

Nesse sentido, há que se radicalizar a participação popular e a gestão democrática na perspectiva dos direitos, bem como garantir as condições materiais, o estabelecimento de mecanismos legais e institucionais, o planejamento, processos formativos e a organização de ações que desencadeiam e estimulam a participação social e política ao longo do tempo, na perspectiva da construção de uma cultura democrática comum.

Quanto aos sistemas de serviços públicos, propomos reforçar e aperfeiçoar, com a contribuição de toda sociedade (em especial seus usuários, gestores e funcionários públicos), um desenho de cooperação entre os entes federados, como é o caso do Sistema Único de Saúde (SUS), o Sistema Único de Assistência Social (Suas), o Sistema Nacional do Meio Ambiente (Sisnama), o Sistema Nacional de Habitação de Interesse Social (SNHIS), o Sistema Único de Segurança Pública (Susp), o Sistema Nacional de Cultura (SNC) etc.

## Reforma política

Com relação ao tema da reforma política, observa-se a tendência de estar orientado por interesses eleitorais e partidários, o que reduz a questão a uma reforma do sistema eleitoral, ou mesmo como um instrumento para melhorar a governabilidade do Estado ou aumentar sua eficiência – sem alterar o atual *status quo*. Nossa proposta diz respeito a mudanças no próprio sistema político, na cultura política e no Estado. A reforma que defendemos visa a radicalização da democracia para enfrentar as desigualdades e a exclusão, promover a diversidade e fomentar a participação cidadã. Isso significa uma reforma que amplie as possibilidades e oportunidades de participação política, capaz de incluir e processar os projetos de transformação social de segmentos historicamente excluídos dos espaços de poder, como as mulheres, os/as negros/as, a população LGBTQIA+, indígenas, jovens, pessoas com deficiência, idosos/as e os/as despossuídos/as de direitos.

Portanto, uma reforma política em sentido amplo deve englobar os processos de decisão e a forma de exercer o poder, as formas de participação e de representação política, as práticas políticas e todos os espaços de expressão política. Ela deve envolver o âmbito do Estado (Legislativo, Executivo e Judiciário), dos entes federativos e suas relações (União, estados, DF e municípios), dos partidos políticos e da sociedade civil organizada. Alguns princípios democráticos que se sobressaem como eixos para essa reforma política ampla são: igualdade, diversidade, justiça, liberdade, participação, transparência e controle social.

*Reforma do Sistema Judiciário*

Em relação ao Sistema Judiciário, defendemos a democratização da justiça e dos direitos humanos, tal como define em seus princípios a Constituição Federal de 1988, que prevê a proteção a direitos individuais e coletivos, baseados nos princípios da cidadania, soberania popular, promoção do bem de todos sem discriminação de qualquer tipo, promoção dos direitos humanos e direitos sociais. De acordo com a proposta de democratização da justiça e dos direitos humanos, as instituições do Sistema de Justiça devem se aproximar da sociedade civil organizada e se colocar a serviço da população, buscando reconhecimento de sua legitimidade social, com o fomento da capacitação e do empoderamento da sociedade civil para a elaboração de experiências comunitárias de gestão e solução restaurativa de conflitos, incluindo a transferência de recursos financeiros.

Com isso, propomos a instituição de mandatos para a composição dos tribunais, incluindo o Supremo Tribunal Federal (STF); a transformação do STF em Corte Constitucional, retirando seu caráter de instância recursal e priorizando-se, desse modo, a decisão sobre questões estratégicas de relevância política; a atualização da Lei Orgânica da Magistratura Nacional (Loman) com participação social, instituindo a eleição dos gestores da máquina jurisdicional (presidência de tribunais, órgãos de direção e corregedorias) com a participação da magistratura de primeira instância e dos servidores da Justiça; a implementação de mecanismos de participação e controle social na estrutura institucional por meio da criação de Conselhos de Controle Externo da Justiça, com efetiva participação social, superando o modelo de controle interno e corporativo instituído pelo Conselho Nacional de Justiça (CNJ, no qual a presidência e nove dos 15 integrantes são membros do Judiciário) e pelo Conselho Nacional do Ministério Público (CNMP, no qual a presidência e mais sete dos conselheiros são membros do Ministério Público).

Ademais, propomos a implementação de ouvidorias externas em todas as instituições de Justiça e segurança pública, ocupadas por membros externos à respectiva carreira, com mandato eletivo por indicação da sociedade civil organizada, com poderes de escuta e assento nos órgãos de gestão das instituições do sistema de justiça, inclusive OAB, bem como a abertura da gestão e dos currículos das escolas da Magistratura, do Ministério Público e da Defensoria Pública para o controle social mediante o Conselho de Composição Social e a Ouvidoria Externa. E, para a efetiva democratização da justiça e dos direitos humanos, defendemos a democratização nos processos de acesso às carreiras da Justiça, incluindo cotas e a flexibilização de critérios antidemocráticos nas carreiras do Sistema de Justiça, assim como a participação social nos procedimentos de indicação de membros da advocacia e do Ministério Público para os tribunais, sem prejuízo da criação de critérios eleitorais. Nesse sentido, é necessária também a dissociação entre processos de seleção de ingresso e promoção, e a gestão dos tribunais (presidência e corregedoria), transferindo funções para órgãos como Conselhos Sociais de Justiça, com a participação da sociedade civil, a fim de democratizar a justiça e desconcentrar o poder.

Outra medida primordial é o estabelecimento de órgãos especiais de Justiça ligados às causas de conflitos coletivos e à proteção dos direitos humanos. Tais órgãos atuariam em diálogo com a sociedade, procurando compor seus conflitos, valorizando a informalidade, multidisciplinaridade e a simplificação de procedimentos como estratégia de aproximação da Justiça da realidade social, tornando-a mais acessível à compreensão da população, e respondendo a demandas de violação de direitos humanos.

Também é imprescindível a implementação das recomendações da Comissão Nacional da Verdade sobre o Sistema de Justiça, como a revogação de leis que contribuem para a criminalização dos movimentos sociais, tal qual a Lei de Organizações Criminosas e a Lei Antiterrorismo.

Defendemos, ainda, outras medidas no sentido da democratização da justiça, como a vedação de remuneração que exceda o teto constitucional, independentemente do tipo de remuneração acumulado na função; a criação de impedimentos para agentes que exerçam cargos de governo, com a quarentena após a saída dos Tribunais; a vedação aos patrocínios de eventos de associações de carreira e de instituições do Sistema de Justiça por empresas; a regulamentação sobre a acumulação de cargos, com a proibição do recebimento de honorários paralelos à carreira jurisdicional; a regulação das campanhas para o quinto constitucional e para a Presidência da Ordem dos Advogados do Brasil (OAB), para que sejam imunizadas contra a mercantilização de tais funções de interesse público; a valorização de projetos de superação do modelo meritocrático de seleção, seja com a eleição de juízes e promotores, seja com a valorização de outros critérios complementares ao atual modelo, como a participação da sociedade civil nos critérios de recrutamento. Ademais, propomos o reconhecimento das jurisdições indígenas, quilombolas e tradicionais com vistas a sua autonomia, com o fomento de projetos comunitários de justiça restaurativa, com a transferência de recursos estatais, e a criação de uma Autoridade Nacional Migratória, que substitua a Polícia Federal no trato com os imigrantes.

Quanto à segurança pública, é essencial fundar uma política democrática, que deve se pautar pelo "Direito Penal mínimo, Direito Social máximo". De acordo com essa visão, a reforma do sistema penal deve ser acompanhada pela redução da desigualdade social; o Direito Penal deve ser baseado nos direitos humanos e obedecer ao princípio da intervenção mínima, segundo o qual a resposta penal deve ser o último recurso do Estado para situações conflituosas. Portanto, a elaboração de uma política criminal que busque superar o encarceramento em massa – e seus conhecidos efeitos sociais – deve se pautar por alguns eixos: redução de condutas abarcadas pelo Direito Penal, redução dos crimes com previsão de prisão como pena e redução do tempo de pena de prisão. Com isso, defendemos a promoção do aumento relativo de ilícitos administrativos e civis, substituindo alguns crimes – ou seja, retirar condutas do âmbito do Direito Penal e incluí-las no Direito Civil ou Administrativo, nos quais as sanções não envolvem a prisão, mas alternativas como multas e reparação financeira de danos.

Com relação ao desenvolvimento da justiça restaurativa (conforme as diretrizes do PL 7.006/2006) em comparação com o modelo punitivo, é preciso criar um enfoque mais preocupado com a reparação ao dano da vítima do que na punição ao autor do delito. Com base no modelo da justiça restaurativa, defendemos a abolição do sistema de penas mínimas e a manutenção apenas da pena máxima, com alguns casos que poderiam ter penas inferiores às mínimas hoje estabelecidas em lei, diminuindo o tempo de privação de liberdade. Nesse sentido, propomos a redução das penas máximas, que se inspiram na falsa ideia de que a prevenção é proporcional à pena, bem como a ampliação dos substitutivos penais como alternativa ao encarceramento (suspensão condicional da pena, suspensão condicional do processo, livramento condicional, conciliação e transação penal), e das hipóteses de extinção da punibilidade, situações em que, apesar da ocorrência do crime, a lei passa a entender como desnecessária e, portanto, inviável a punição. Para os crimes patrimoniais comuns não violentos, como o furto, defendemos que seja permitido o ressarcimento do dano ou restituição da coisa como forma de extinção da punibilidade.

Propomos, ainda, para a democratização dos direitos humanos, investir na melhoria dos estabelecimentos prisionais, com total respeito aos direitos humanos; reformular o sentido e a formação do trabalho policial, fora do paradigma bélico, investindo na formação humanitária dos policiais, com políticas de incentivo a condutas de respeito aos direitos humanos; fortalecer mecanismos inibidores do uso da força pelos agentes do Estado, e a menor ingerência possível sobre os direitos fundamentais, dando primazia a instrumentos não violentos de intervenção estatal, baseada na redução de danos do sistema penal; investir nas ouvidorias de corporações policiais e na independência de sua estrutura; criar mecanismos mais efetivos de investigação e de responsabilização em casos de abusos por agentes do Estado.

*Soberania e relações internacionais*

Em relação à política externa, o Brasil não deve escolher alinhar-se de forma subalterna às principais forças imperialistas ou buscar reproduzir essa mesma lógica em sua relação com outros países da periferia. O que precisamos é priorizar alianças, parcerias e cooperações com países que possuem um passado de exploração e desenvolvimento semelhante para buscar, em conjunto, a independência em relação às limitações internacionais das mais diversas naturezas. Essas relações com outras nações devem sempre respeitar o princípio da autodeterminação dos povos e os direitos humanos. Nesse sentido, propomos o estímulo e o fortalecimento das diversas experiências de articulação internacional de solidariedade e de lutas anti-imperialistas que o campo popular do Sul Global vem construindo, e que demonstram que o exercício das relações internacionais não é uma exclusividade dos Estados. Um projeto de integração regional e popular não pode prescindir dessas organizações e de suas experiências.

Portanto, a integração regional deve compreender iniciativas nos campos político, econômico, produtivo, social, cultural e de infraestrutura, buscando a cooperação e a complementaridade, inclusive na área de defesa, assim como ampliar a solidariedade entre os povos do nosso continente, principalmente em territórios em situação de conflitos domésticos, catástrofes naturais e intervenções externas, buscando a diminuição das assimetrias no continente. Em contrapartida, é preciso rechaçar a ingerência, o desrespeito à autodeterminação, o imperialismo e o uso desnecessário da força, segundo a tradição diplomática brasileira. Devemos criar mecanismos de atuação conjunta, se necessários, e fortalecer os já existentes, como Unasul e Mercosul, por exemplo.

Defendemos que os objetivos de fomentar a integração regional e a participação social neste âmbito se fortalecem na realização de eleições diretas para o Parlamento do Mercosul e na melhoria dos canais de participação social regional. Entendemos que é preciso abrir espaços permanentes para os movimentos populares e garantir a construção de redes, reuniões especializadas e campanhas regionais. Quanto a integração com outros países, defendemos reestabelecer as parcerias estratégicas nas relações Sul-Sul: atuar em parceria com Estados da América Latina, África e Ásia nos fóruns e organismos internacionais, como no Conselho de Segurança da Organização das Nações Unidas (ONU), do Banco Mundial, do Fundo Monetário Internacional (FMI) e da Organização Mundial do Comércio (OMC).

De acordo com a nossa concepção de política externa e soberania popular, propomos a criação de mecanismos civis de controle sobre as Forças Armadas: o Estado brasileiro deve excluir qualquer possibilidade de intervenção ou tutela política das Forças Armadas sobre os demais poderes e impedir ações de intervenções domésticas. Para isso, é primordial a revisão da formação das Forças Armadas brasileiras, que deve ser compatível com a Lei de Diretrizes e Bases da Educação. Sendo um campo privilegiado para a produção e reprodução de doutrinas, a formação deve valorizar a garantia da autonomia do Estado face às forças externas e o apreço pela democracia, abandonando a lógica do "inimigo interno". Além disso, para garantir os direitos humanos nas Forças Armadas, defendemos a inclusão de mulheres, direitos trabalhistas, respeito a pessoas LGBTQIA+ ou escolha religiosa, entre outras questões. Por fim, propomos a retirada da Garantia da Lei e da Ordem (GLO) como função dos militares, pois a atuação das Forças Armadas deve estar voltada exclusivamente para fora das fronteiras nacionais. Defendemos, ainda, a criação de um Conselho Nacional de Política Externa, pois as escolhas e decisões do Estado brasileiro em política externa não devem ficar restritas a diplomatas e altos escalões do governo. Propomos a criação de um conselho aberto à participação de estados, municípios, sindicatos, movimentos sociais, intelectuais, estudantes, empresários e representantes de instituições estatais. Esse conselho deve garantir processos decisórios mais transparentes, legítimos e democráticos, além de assegurar que as iniciativas tomadas estejam em consonância com o projeto soberano de desenvolvimento nacional. Nesse sentido, propomos que estados e municípios, de acordo com suas demandas e especificidades, também possam criar seus conselhos.

Ainda com relação à política externa, defendemos medidas para buscar a autonomia decisória do Estado brasileiro sobre suas políticas nacionais e seu posicionamento internacional, com a diversificação de produtos e parceiros (comerciais, financeiros e tecnológicos) nas relações internacionais, assim como buscar a autossuficiência em áreas estratégicas, como a produção de energia e alimento para o próprio povo. O Estado brasileiro deve ter o controle dos seus recursos naturais estratégicos, e, nesse sentido, é possível pensar cadeias produtivas no contexto regional.

Propomos como providências urgentes reverter as medidas nocivas à soberania nacional, como as concessões de campos de exploração de recursos estratégicos (mineração, petróleo) e a concessão da utilização da Base de Alcântara (localizada no estado do Maranhão) por Forças Armadas estrangeiras. Nessa perspectiva, as empresas nacionais devem explorar nossos recursos estratégicos e gerir fundos soberanos para investimentos em políticas públicas sociais, respeitando o meio ambiente e os direitos das comunidades impactadas pelos projetos.

Para assegurar a defesa nacional, propomos o desenvolvimento de novas tecnologias de defesa como parte da estratégia e política de Ciência, Tecnologia e Inovação. Com isso, o Brasil deve priorizar o desenvolvimento de uma sólida Base Industrial de Defesa (BID), condicionando parcerias externas que incluem transferência de tecnologias, preferencialmente aquelas que permitam o uso dual (militar e civil). Nesse sentido, deve-se buscar a cooperação regional no desenvolvimento e produção de produtos de defesa, em consonância com o interesse na integração regional. Para tanto, devem ter protagonismo as iniciativas que visem o reequipamento das Forças Armadas, o desenvolvimento de tecnologias do setor aeroespacial e de monitoramento espacial, assim como a defesa do ambiente cibernético e informacional, garantindo a periodicidade desses recursos.

*Reforma educacional*

Com relação à política de educação, são necessárias medidas de reorientação para a promoção de uma cultura democrática que priorize o letramento político da população, a alteridade, o compromisso com o bem comum e o interesse público, o combate às desigualdades, racismos, sexismos, LGBTfobia, capacitismo e demais discriminações, a crítica ao consumismo, a contribuir para a alfabetização ecológica e para o *bem viver*. Defendemos a promoção, por meio da educação formal, e de uma política nacional de educação popular a educação em direitos humanos e em direitos da natureza, com forte articulação com as políticas culturais (pontos de cultura, estímulo à leitura, cinema, teatro), de participação social, de consolidação de espaços públicos, e de ciência e tecnologia (com a expansão do acesso à internet de alta velocidade).

Quanto à formação em relação ao meio ambiente e soberania alimentar, propomos o desenvolvimento, em caráter de urgência, de um programa nacional de educação sobre as mudanças climáticas. E a articulação entre educação e políticas de segurança e soberania alimentar, fortalecendo o Programa Nacional de Alimentação Escolar (Pnae), que deve estar atrelado, por sua vez, ao fortalecimento da agricultura familiar para garantir uma alimentação escolar de qualidade.

A formação de cidadãos em um Estado democrático e soberano deve contar com medidas de valorização, financiamento, fortalecimento, estímulo e multiplicação de experiências educativas, culturais e tecnológicas inovadoras nas creches, escolas e universidades, como parte do currículo formal, e para além da educação formal, na sociedade civil: coletivos juvenis, organizações, movimentos sociais, grupos culturais etc.

Da mesma forma, é fundamental a promoção da transparência e do controle sobre o orçamento e investimento públicos em educação. Nesse sentido, defendemos a proporcionalidade do ponto de vista étnico-racial e paridade de gênero nos órgãos de controle e implementação de políticas públicas municipais.

É primordial também a participação ampla, efetiva e deliberativa no controle do orçamento e dos investimentos públicos municipais, buscando atender às regiões de maior necessidade, de acordo com indicadores sociais. Para isso, propomos a criação de conselhos municipais rotativos e itinerantes nas cidades, com debates nos espaços periféricos. Defendemos também a implantação de modelos municipais de "governo aberto", com transparência em relação aos dados da gestão e à formulação e implementação de políticas públicas. Nessa perspectiva, devem ser criadas medidas para o desenvolvimento de laboratórios e institutos públicos de monitoramento de gestões do Executivo e mandatos legislativos municipais e controle dos recursos públicos por meio do Orçamento Participativo.

*Igualdade e diversidade*

Com relação à política de combate ao racismo, propomos a democratização da gestão das políticas de ação afirmativa, passando pela recriação do ministério específico com o nome de Secretaria Especial de Políticas de Combate ao Racismo; alteração da concepção das políticas voltadas à população negra de "promoção da igualdade racial" para "políticas de combate ao racismo"; garantia da plena participação das representações do movimento negro na construção e gestão das políticas de ação afirmativa por meio de conselhos e conferências participativas e deliberativas. Nesse sentido, defendemos a criação do Fundo de Políticas de Combate ao Racismo, com percentual fixo do orçamento, para sustentar as políticas e programas aprovados nas conferências de igualdade racial e conselhos de igualdade racial, regulamentados pelo Estatuto da Igualdade Racial e executadas pelo Sistema Nacional de Promoção da Igualdade Racial, que praticamente não funcionou; garantia de um quadro administrativo próprio para a execução destas políticas.

Quanto à política de combate à LGBTQIA+fobia, propomos a criação e implementação de uma Rede Nacional de Promoção de Direitos LGBTQIA+. Também indicamos o aprimoramento de serviços nos municípios, delegacias, serviços de saúdes, sistema educacional, penitenciário, e o fomento da criação de casas de apoio e abrigos para jovens e adolescentes LGBTQIA+, com profissionais capacitados sobre orientação sexual, identidade de gênero e combate à discriminação e à violência contra pessoas LGBTQIA+.

Para a política de direitos dos povos originários, propomos a garantia da participação dos povos indígenas nos processos decisórios. O Conselho Nacional de Política Indigenista, instalado desde 2016 e hoje paralisado, é um órgão colegiado de caráter consultivo, responsável pela elaboração, acompanhamento e implementação de políticas públicas voltadas aos povos indígenas. Defendemos que ele tenha caráter deliberativo, com a efetiva participação dos povos indígenas, desenvolvendo políticas articuladas de fortalecimento de seus projetos históricos. Com isso, propomos medidas de respeito aos protocolos de consulta elaborados pelos povos indígenas. Nesse sentido, é urgente o reconhecimento e a garantia, por parte do STF, do direito dos povos indígenas e suas organizações como partes diretamente interessadas, na qualidade de litisconsorte passivo necessário, em processos judiciais que tratam sobre seus direitos e interesses. Para tanto, é imprescindível a aprovação, pelo Congresso Nacional, do projeto 3571/2008, que institui o Conselho Nacional de Política Indigenista (CNPI). Além disso, criar medidas necessárias para estimular e assegurar a participação dos indígenas e povos tradicionais na política, nos centros de poder, nas esferas públicas da sociedade.

*Democratização da comunicação*

Quanto à política de comunicação social para um Estado democrático e soberano, defendemos a articulação da reforma do sistema político com as discussões sobre a democratização da informação e da comunicação, exigindo mecanismos que garantam a transparência total em relação a dados, incluindo aqueles vinculados ao Sistema Judiciário, além do controle social dos meios de comunicação. Propomos a criação de um Sistema Público de Comunicação, conforme previsto na Constituição, com a criação de centrais públicas de comunicação, além de regulamentar os dispositivos constitucionais sobre o tema, assim como garantir a diversidade e pluralidade nas redes, incluindo mecanismos que evitem a concentração de conteúdo hoje constatada em plataformas como Google e Meta – e fortalecer a participação popular na governança da Internet brasileira, por meio da estabilidade institucional do Comitê Gestor da Internet no Brasil (CGI.br).

Para regular os serviços de comunicação por camadas, propomos separar tecnológica e comercialmente todos os segmentos de comunicação social eletroeletrônica, entre a camada de rede (infraestrutura) e a camada de conteúdo, elaborar lei regulatória para o conjunto dos serviços de comunicação social eletrônica nos termos da Constituição.

Também defendemos o uso do Fundo Setorial do Audiovisual (FSA) para estimular a universalização do acesso ao conteúdo audiovisual nacional e a diversidade temática, estética, de gênero, étnica e regional na produção, privilegiando pequenos produtores; a estruturação de políticas de comunicação local e comunitária em equipamentos públicos, como escolas e centros culturais; e medidas para a inclusão de disciplinas de educomunicação e educação para a mídia nas escolas.

Em termos de soberania nacional e proteção de informações pessoais, propomos medidas que garantam a plena implementação da Lei Geral de Proteção de Dados Pessoais e a criação de uma Autoridade de Proteção de Dados independente do governo, dotada de mecanismos para o efetivo cumprimento da lei pelos poderes públicos e a iniciativa privada e gerida com participação social, e a recuperação do princípio da soberania nacional nas redes e infraestrutura de comunicação.

Entendemos, ainda, que é imprescindível garantir a universalização do acesso à rede e a uma internet mais justa, mais barata, mais segura e democrática. Nesse sentido, são necessárias as seguintes medidas: fortalecimento da Telebrás; descontingenciamento do Fundo de Universalização dos Serviços de Telecomunicações (Fust) e sua aplicação em políticas públicas inovadoras, que garantam o acesso em todas as escolas, bibliotecas, órgãos e postos de saúde; estímulo à construção de redes comunitárias, sem fins lucrativos, por parte da própria população; e a articulação de receptores de TV digital já distribuídos às famílias mais pobres junto a dispositivos de compartilhamento de Internet.

Consideramos, ainda, fundamental reconhecer a internet como uma infraestrutura técnico-econômica distinta comercialmente da rede técnica de telecomunicações que lhe dá suporte e também dos serviços e "plataformas", sobretudo os de natureza comercial, fornecidos sobre ela. Tais serviços, que empregam a tecnologia da internet como provedores de conteúdo, devem estar necessariamente submetidos à Constituição e às leis nacionais, considerando suas especificidades.

### C) GARANTIA DE DIREITOS, IGUALDADE E DIVERSIDADE

*Investimentos sociais*

Como vimos anteriormente, a dinamização da economia também passa pela recuperação dos investimentos sociais, que devem ser entendidos não como "gastos", "sugadores de recursos", mas como instrumento de crescimento econômico por meio da integração entre demandas sociais, políticas públicas e a estrutura produtiva. Nesse sentido, para garantir a efetivação e universalização dos direitos sociais, passo fundamental para um país mais igualitário, é fundamental solucionar o crônico subfinanciamento das políticas públicas. A revogação da Emenda Constitucional 95/2016 e ampliação das condições de financiamento para saúde, educação, cultura, esportes e assistência social são, portanto, condicionantes.

Nesse sentido, ressaltamos a necessidade de fortalecimento de uma perspectiva territorial, implementando redes de proteção e garantia de direitos que inclua o fortalecimento da articulação de diferentes equipamentos públicos de diferentes áreas (saúde, educação, esportes, cultura, assistência social), bem como a articulação interna de cada uma dessas áreas. Com isso, é necessário garantir, na perspectiva de equalização, maior investimento e políticas públicas para os equipamentos públicos situados em territórios mais pobres, marcados pelos piores indicadores sociais e vinculados a programas de ações afirmativas.

Para assegurar a implementação dessas políticas públicas, propomos a destinação dos novos recursos do Pré-Sal para a saúde e a educação. Os recursos obtidos com a concessão onerosa também devem abastecer o Fundo de Participação dos Estados (PPE) e o Fundo de Participação dos Municípios (FPM). Ademais, essas políticas devem ser garantidas com medidas específicas para a educação, saúde e cultura.

Na educação, propomos implementar o Custo Aluno Qualidade (CAQ) e o Custo Aluno Qualidade Inicial (CAQi), conforme previsto no Plano Nacional de Educação (PNE). Na saúde, é primordial apoiar a tramitação da PEC 01/D de 2015 que propõe a alocação de 19,4% da receita corrente líquida como piso federal do SUS (similar ao projeto de iniciativa popular "Saúde + 10"). Na cultura, defendemos o aumento progressivo dos recursos para o Ministério da Cultura, visando alcançar a meta de 1% do orçamento da União, assim como o fortalecimento do papel e a ampliação dos recursos do Fundo Nacional de Cultura (FNC).

*Acesso à educação*

Para garantir a democratização do acesso às universidades públicas, defendemos o investimento na expansão do ensino superior por meio de instituições públicas, buscando reverter o quadro da oferta atual, caracterizada pela maior presença de instituições privadas de baixa qualidade e do crescente investimento na educação a distância como resposta precarizada aos setores populares.

Nesse sentido, é imprescindível a valorização dos profissionais e funcionários públicos de todos os equipamentos, órgãos e instituições públicas voltados à área social, tornando as carreiras atrativas por meio da efetiva valorização desses profissionais – em especial, os da educação, historicamente desvalorizados – por meio de políticas como formação inicial e continuada de qualidade e salários dignos com planos de carreira. No caso específico dos profissionais da educação, é necessário defender a jornada integral, com ao menos um terço do tempo destinado às atividades extraclasse (trabalho coletivo com colegas, planejamento, correção de trabalhos, relação com a comunidade etc.); regras de ingresso na carreira, como a admissão por concurso público e a avaliação profissional; condições de trabalho (número adequado de estudantes por turma, infraestrutura, materiais), bem como implementar as conquistas legais da última década – como o Piso Salarial Profissional Nacional para os Profissionais do Magistério (2008) e de outras estratégias previstas no PNE e aprovar as Diretrizes Nacionais de Carreira proposta pela Confederação Nacional dos Trabalhadores de Educação (CNTE), e uma Carreira Nacional para os profissionais de Educação Básica, com valores salariais que venham progressivamente a ser equiparados aos profissionais de educação superior.

Propomos, ainda, a aplicação de critérios de ação afirmativa de cor/etnia/raça, origem social, identidade de gênero e presença de deficiências nos processos seletivos de profissionais dos equipamentos públicos voltados à área social, evitando o fenômeno de que a valorização de uma profissão venha associada à elitização e branqueamento da categoria. Nesse sentido, é preciso manter e aperfeiçoar as cotas dessa natureza em instituições em que já estão sendo utilizadas.

Ainda na educação, é preciso fortalecer a gestão democrática comprometida com os direitos humanos, incentivando a participação das famílias "reais" em suas mais diversas formas e arranjos para além da família nuclear; a participação dos responsáveis masculinos (não somente de mães, tias e avós); a realização de reuniões em horários adequados às famílias; a garantia de salas de acolhimento para crianças pequenas, viabilizando a participação das famílias.

Outra medida primordial para a garantia da educação como direito humano é o investimento na Educação de Jovens e Adultos

(EJA) e nas outras modalidades de ensino como políticas de ação afirmativa de reparação à dívida social brasileira, assim como garantir uma oferta de atendimento educacional da EJA com qualidade para a população a qual ela é destinada. Também deve-se implementar ativamente esse direito na esfera pública, estimular e sustentar inovações institucionais e mobilizar a sociedade para a valorização da EJA como direito humano e como resposta a uma dívida social para com milhões de pessoas, dos quais mais de 70% são negras. Essa ação deve estar associada a uma política de combate ao encarceramento em massa, à implementação das normativas legais comprometidas com a garantia do direito à educação de adolescentes, jovens e adultos em conflito com a lei.

Para garantir os direitos humanos na universidade, é preciso rever criticamente a cultura elitista, produtivista e competitiva – fortemente presente no sistema de avaliação da pós-graduação –, multiplicando arranjos colaborativos, inter e multidisciplinares e de experimentação comprometidos com os interesses públicos. Ao mesmo tempo se deve retomar o investimento na universidade pública, tanto para ampliação de vagas, com vistas à universalização do acesso, quanto para a garantia de condições de permanência e sucesso de seus estudantes, sobretudo dos setores populares, negros, indígenas, mulheres, pessoas com deficiência e população trans.

Ademais, é imprescindível promover a reflexão crítica da universidade com relação a sua função social, seu lugar nas relações globais do sistema universitário e de produção de conhecimento científico – não somente buscando se adaptar a ele, fomentando uma reflexão crítica que resulte na afirmação da universidade como lugar de construção de respostas concretas aos desafios contemporâneos do país e do mundo por meio de comitês multidisciplinares e de outras formas de ação. Assim, é necessário rever os indicadores de desempenho do sistema universitário, em busca de maior equilíbrio entre pesquisa, ensino e extensão, traduzidos nos sistemas oficiais de avaliação e no acesso ao financiamento. Em especial, destacamos a necessidade urgente do reconhecimento da docência e o maior investimento em projetos e ações com a sociedade, fortalecendo a relação com os territórios e reconhecendo a legitimidade da produção de conhecimento que ocorre em diferentes lugares, para além dos espaços acadêmicos.

Destaca-se também a necessidade de superação da segregação por sexo em cursos, não somente estimulando a entrada de mulheres nas áreas de exatas e tecnologias, mas revisando as culturas e formas de funcionamento desses cursos em uma perspectiva que supere o sexismo estrutural, assim como estimulando a presença masculina em áreas vinculadas ao cuidado.

Para garantir uma universidade pública e popular, defendemos o investimento em estratégias de ensino e de acolhimento voltadas a setores populares; esta deve se abrir à presença, aos conhecimentos, às agendas e às provocações trazidas pelos setores historicamente excluídos desse espaço que, aos poucos, começa a fazer-se presente. Por isso, propomos a construção de uma universidade que busque ativamente se descolonizar, valorizando as diferentes formas de produção de conhecimento da população – em especial, da população negra e indígena do país – e que reconheça, valorize e se conecte ativamente ao conhecimento produzido no hemisfério sul do planeta.

Outra medida imprescindível é a regulamentação da atuação do setor privado no sentido de frear o avanço do capital privado e da lógica de mercado privatista na área social, fortalecendo a visão do Estado como responsável pela garantia de direitos. Na educação, é preciso frear o processo de privatização da educação pública, com a sua consequente subordinação aos interesses das corporações, num contexto de intensa financeirização da economia; regular de forma precisa a atuação das fundações privadas de apoio atualmente existentes nas instituições públicas de ensino superior com a garantia de que a destinação dos recursos por ela mobilizados seja definida pelos colegiados institucionais. Na saúde, é necessário abolir todos os chamados "Novos Modelos de Gestão", revogando as leis que deram origem às OS, às Oscip, às Fundações Estatais de Direito Privado; à Empresa Brasileira de Serviços Hospitalares (EBSERH) e suas subsidiárias; aos Serviços Sociais Autônomos (SSA); revogar as leis que permitem e/ou preveem Parcerias Público-Privadas como as Comunidades Terapêuticas e demais contratações de serviço.

Defendemos o acesso ao conhecimento emancipatório e produção de novos conhecimentos na educação formal que tensionam e ampliam o que se considera universal de forma contextualizada e conectada aos territórios. E, nesse sentido, propomos implementar as Diretrizes Nacionais Curriculares de Educação, Inclusão e Diversidade, aprovadas pelo Conselho Nacional de Educação e construídas ao longo das décadas de 2000 e 2010. Também defendemos dar centralidade à implementação da LDB alterada pelas leis 10.639/2003 e 11.645/2008, que estabeleceu a obrigatoriedade do ensino da História e da Cultura Africanas, Afro-brasileira e Indígenas na educação pública e privada, como eixo estrutural de uma revisão curricular que supere o racismo estrutural e amplie a noção de conhecimento universal para todos/as.

Ainda quanto à educação, consideramos imprescindível implementar mecanismos de prevenção e de enfrentamento imediato de situações de discriminações e de violências e da defesa ativa da laicidade na educação pública. Para reforçar o trabalho educativo sobre a liberdade religiosa, propomos a formulação de estudos, documentos e peças publicitárias, a serem difundidas pelo poder público em diferentes mídias, sobre os temas da laicidade, intolerância religiosa, liberdade de crença e de consciência. Nesse sentido, é imprescindível a realização de uma Conferência Nacional com representantes das mais diversas religiões, incluindo pessoas sem religião, buscando fortalecer o diálogo inter-religioso e a luta pela liberdade religiosa e o direito de crença e pertença. Outra iniciativa necessária ao combate ao preconceito religioso é o fortalecimento do diálogo entre movimentos populares e as correntes progressistas de todas as religiões na defesa da vida.

Para garantir uma educação em respeito aos direitos humanos, defendemos a implementação do Artigo 8 da Lei Maria da Penha (que estabelece a obrigatoriedade das escolas abordarem gênero e raça como forma de prevenir a violência doméstica e familiar) e garantir ativamente o direito humano à liberdade religiosa, que prevê também o direito humano de não professar nenhuma religião. Nessa perspectiva, é necessário propor o fim do ensino religioso em escolas públicas, implementar as Diretrizes Nacionais de Educação em Direitos Humanos em todo o país e estabelecer mecanismos que promovam a educação laica em creches, escolas e universidades públicas.

Para contemplar uma educação democrática, propomos também alterar a Lei de Diretrizes e Bases da Educação (LDB) e do Plano Nacional de Educação (PNE) para a inclusão da obrigatoriedade do debate de gênero em todos os níveis de ensino. Para isso, é preciso utilizar diferentes metodologias, espaços e organização escolar, em parceria com grupos de pesquisas acadêmicas e movimentos sociais, a fim de acolher a população LGBTQIA+, destinada a profissionais da educação, funcionários e docentes. Também propomos fomentar a elaboração, publicação e distribuição de materiais pedagógicos sobre as temáticas de orientação sexual e/ou identidade de gênero, a partir do protagonismo das pessoas LGBTQIA+, para serem utilizadas em sala de aula por educadoras(es) em toda educação básica e ensino superior. E, nos casos de aprovação de leis federais, estaduais, distritais e municipais contrárias a essa iniciativa, articular com os órgãos do sistema de justiça a propositura de ações de inconstitucionalidade.

Defendemos, ainda, uma política de educação escolar que garanta o direito ao fortalecimento da identidade cultural dos povos indígenas, quilombolas e demais comunidades tradicionais; uma educação dos povos indígenas em seus idiomas próprios; o ensino da história e das culturas indígenas e afrodescendentes a partir da visão destes povos.

*Combate à violência*

Quanto ao enfrentamento da violência, defendemos o fortalecimento de políticas de erradicação da violência, especialmente as violências de gênero (contra as mulheres e pessoas LGBTQIA+) e que atuem no conjunto da sociedade. Também é necessário, nesse sentido, estruturar os serviços de acolhimento e assistência às vítimas de violência doméstica e sexual – em ampla maioria, mulheres –; organizar campanhas de conscientização da população, motivando a sociedade a denunciar qualquer ato de violência contra mulheres; criar campanhas educativas sobre os direitos das mulheres e combate ao machismo.

Com relação ao combate à LGBTQIA+fobia, propomos a implementação do Sistema Nacional de Promoção de Direitos e Enfrentamento à Violência contra a população LGBTQIA+ e garantindo recursos da União, com complementação orçamentária do ente local (municípios, estados), para a criação e manutenção de todas as estruturas que compõem o referido sistema, assegurando atendimento integral, benefícios, serviços, programas e projetos destinados ao enfrentamento das exclusões sociais e violências cometidas, no sentido de subsidiar políticas públicas para a população LGBTQIA+ com orçamento gerado a partir da criação de fundos federal, estaduais e municipais da política LGBTQIA+.

Em relação ao combate à violência contra pessoas LGBTQIA+, propomos: garantir atendimento às mulheres transexuais e travestis nas delegacias de mulheres e criar um formulário para quantificar e qualificar situações de violência contra LGBTQIA+, tornando obrigatório sua utilização em órgãos públicos que trabalhem com violações de direitos. Para a lei contra a homofobia, propomos a previsão, em casos sem violência física ou patrimonial, de penas alternativas, de natureza pedagógica e informativa, e de penas restritivas de direitos em casos mais extremos, como casos de crimes hediondos ou reincidência. Além disso, é preciso garantir a aplicação da Lei Maria da Penha e a Lei do Feminicídio para a proteção de mulheres transexuais e travestis, bem como criar uma legislação de combate e enfrentamento à violência contra a população LGBTQIA+ na internet.

Defendemos, ainda, medidas específicas para os direitos das pessoas LGBTQIA+: implementar a Política de Saúde Integral para o público LGBTQIA+, garantindo o atendimento a toda pessoa LGBTQIA+ nos três níveis de complexidade do SUS, tendo como ênfase a atenção primária.

Quanto à promoção de direitos da juventude, defendemos retardar a entrada dos jovens no mercado de trabalho, construindo políticas públicas que possibilitem sua entrada e permanência na escola e ingresso no ensino superior; a criação de uma legislação trabalhista específica que proteja os jovens contra demissões e reduzam a rotatividade. Defendemos, ainda, ser imprescindível a elaboração de políticas públicas que atendam a esse segmento da população, como o amplo acesso a espaços de lazer e interação, ampliando a lógica de utilização dos espaços públicos, e a instituição do Passe Livre para jovens no transporte público.

Quanto à segurança pública com afirmação dos direitos humanos, propomos o aprimoramento da investigação criminal com foco na elucidação de homicídios, ampliando as ações de inteligência policial, reduzindo o uso da força ostensiva e do encarceramento provisório e qualificando as ações de combate aos grupos de extermínio e à violência policial; a reforma das polícias por meio de uma revisão da Constituição Federal, com destaque para a desmilitarização das mesmas, unificação das carreiras e divisões claras das atribuições dos profissionais; revisão da política de guerra às drogas a partir de um debate com balanço sobre os efeitos e resultados do conjunto de medidas abarcadas por essa linha; elaboração de uma política de saúde pública voltada à prevenção ao uso abusivo de drogas e às políticas de redução de danos e ao álcool.

*Garantia de proteção aos direitos fundamentais*

Para a garantia dos direitos humanos, defendemos a plena execução das políticas públicas generalistas e de ação afirmativa, intensificando a fiscalização e garantindo dotações orçamentárias. As já existentes devem ser fiscalizadas e ampliadas. Incluir a exigência da representatividade étnica nos critérios de concessão e renovação de concessão para emissoras de TV e rádio; garantia do mesmo procedimento nas emissoras públicas e estatais. Garantia da representação da população negra e das mulheres nos espaços de poder institucional por meio de uma reforma política que institua cotas para mulheres, negros e negras e indígenas nas chapas proporcionais e majoritárias com distribuição proporcional de recursos do fundo eleitoral e partidário; garantia de um percentual mínimo do fundo partidário para a formação política de militantes negros e negras nos partidos políticos.

Com relação às populações remanescentes dos quilombos, destacamos a necessidade urgente de titulação de todas as terras quilombolas e a garantia do acesso aos direitos para suas populações por meio de políticas públicas. Propomos medidas especiais para a garantia das políticas públicas generalistas nas áreas de saúde, educação, moradia, cultura e previdência. Na saúde, implementar a Política Nacional de Saúde Integral da População Negra, estabelecida pela Portaria n. 992, de 2009 e enfrentar as doenças com maior incidência na população negra. Na educação, aplicar e ampliar as políticas de cotas raciais e políticas de permanência nas universidades e nos concursos públicos. Implementar as Leis 10.639/03 e 11.645/08, que alteraram a LDB, que obrigam o ensino da história e da cultura afro-brasileira e indígena na rede pública e particular de ensino do país.

Quanto aos direitos humanos no campo da religião, propomos o enfrentamento do racismo religioso e a garantia da laicidade do Estado, que deve permitir liberdades laicas plenas por parte do Estado brasileiro, proibindo interferências religiosas nos organismos de Estado; garantia plena do exercício religioso em todos os seus rituais e criminalização das práticas racistas contra as religiões de matriz africana. Nesse sentido, propomos o reconhecimento legal do ofício dos sacerdotes das religiões de matriz africana, garantindo aos mesmos os direitos previdenciários.

Quanto aos direitos reprodutivos, propomos assegurar a autonomia pessoal sobre o próprio corpo, com medidas como: descriminalizar o aborto e garantir o direito de sua realização no sistema público de saúde, de maneira segura; implementar a saúde integral para as mulheres, com garantia de informação, direitos reprodutivos e anticoncepção, além do combate à mortalidade materna, à violência obstétrica, à mortalidade e à morbidade.

Também propomos a garantia de trabalho e autonomia econômica para as mulheres, inclusive com o reconhecimento e valorização das tarefas de reprodução da vida e do cuidado como trabalho. É imprescindível implementar políticas de socialização do trabalho doméstico e de cuidados de caráter universalizante por meio de creches e escolas em período integral, serviços para idosos, restaurantes, lavanderias públicas e um conjunto de políticas universais e ações afirmativas, como: acesso universal à seguridade social e à aposentadoria, valorização do salário-mínimo, assim como o acesso à educação e formação profissional, com medidas para superar a "guetização" das mulheres nas áreas consideradas "femininas". Nesse sentido, é preciso fortalecer mecanismos de acesso e permanência de mães e adolescentes no sistema educacional e, ainda, criar políticas específicas para mulheres negras, trabalhadoras rurais e todos os setores das águas e florestas. Defendemos a incorporação, nos programas de habitação popular, da articulação de respostas coletivas para as demandas de cuidado e alimentação, como cozinhas, bibliotecas e espaços de convivência coletivos. Por fim, propomos políticas de acesso a alimentos saudáveis, a gestão coletiva do abastecimento, incluindo políticas educativas que busquem superar o consumo alienado de alimentos e a sobrecarga de trabalho das mulheres.

Quanto à questão social da imigração, defendemos que o Estado brasileiro deve promover políticas públicas que garantam condições dignas de vida a imigrantes e refugiados, incluindo o combate ativo à xenofobia. A Lei de Migração, de 2017, traz avanços em relação à legislação anterior (Estatuto do Estrangeiro), mas ainda precisa de regulamentação para ser efetivamente implementada.

## *Reforma urbana*

Diante do desafio do combate ao racismo, propomos medidas como a construção de uma cidade antirracista, na qual o direito à memória e ao patrimônio inclua a ancestralidade do povo negro; o apoio à participação dos(as) negros(as) e populações tradicionais em todas as instâncias de planejamento e política urbana. Assim, a promoção da política de igualdade racial e social deve priorizar o combate às dimensões de biopoder (controle dos corpos) e de necropolítica (ação do Estado contra a vida) nas políticas de "segurança pública" em todos os territórios, com especial atenção aos negros, periféricos e às favelas. Nesse sentido, é preciso priorizar a implementação de políticas e equipamentos públicos nos territórios com maioria de pessoas negras e povos tradicionais.

Na perspectiva dos direitos humanos, é preciso pensar as cidades brasileiras como espaço de defesa e garantia do direito à moradia, direito à mobilidade e ao saneamento. Nesse sentido, o Estatuto das Cidades deve ser implementado e as Zonas Especiais de Interesse Social, ampliadas. Já com relação aos imóveis ociosos, propomos que sejam mapeados e notificados com o auxílio de tecnologias digitais e colaborativas. Terrenos e edifícios vazios da União, dos estados e dos municípios devem ser utilizados para a produção de moradias de interesse social, em contraponto às propostas de privatização dos imóveis públicos. Nessa concepção das cidades como espaço de direitos, é preciso que os Planos Diretores sejam mais eficientes e voltados ao combate à desigualdade urbana, incluindo cronogramas de ações, obras e investimentos.

Com isso, é preciso romper com a lógica centro/rico-periferia/pobre, levando o centro para a periferia, e a periferia para o centro, por meio da urbanização, saneamento, regularização, propiciando mobilidade, fomentando centros de bairro e apoiando o desenvolvimento local por meio de serviços públicos e privados. Além disso, é necessário apoiar atividades culturais, esportivas e educacionais como possibilidade de geração de renda para a juventude pobre, predominantemente negra.

Quanto à mobilidade urbana como direito à cidade, é imprescindível repensar o transporte urbano por meio da redistribuição equitativa, eficiente e ambientalmente sustentável do espaço viário, com prioridade aos pedestres, ciclistas e ao transporte coletivo. Nessa perspectiva, defendemos a universalização do acesso ao transporte coletivo, com tarifa zero para a população de baixa renda, estudantes e desempregados, alterando a política tarifária, de financiamento e gestão da mobilidade urbana. Para isso, deve haver subsídios para a operação do sistema e o monopólio de empresas operadoras do transporte público deve ser quebrado. Ao repensar o planejamento da mobilidade urbana, propomos o aumento da infraestrutura intermodal em terminais e em bairros periféricos, para que, em uma mesma viagem, o usuário utilize diversos modos – ônibus, bicicleta, metrô etc. Além disso, é preciso garantir moradia popular em locais próximos aos eixos de transporte público e em bairros com oportunidades de emprego e renda. Finalmente, é necessário fortalecer centralidades locais a partir da oferta de serviços públicos (creches, escolas, unidades de saúde, teatros etc.) na periferia, como forma de diminuir o número de viagens em direção aos centros.

Quanto à questão ambiental urbana, defendemos o combate à poluição das águas, da terra e do ar, investindo na universalização do saneamento, na redução da circulação de automóveis, na utilização de fontes de energias limpas no transporte público e no controle da atividade industrial. Nesta perspectiva, entendemos a urgência de preparar as cidades para as mudanças climáticas, gerenciando riscos associados a deslizamentos de encostas, inundações, erosão marítima e outros fenômenos potencializados pelo aquecimento global. Outras medidas são necessárias, tais como ampliar a rede de parques, áreas verdes e arborizar o sistema viário para combater ilhas de calor e inundações; interromper atividades de mineração com impacto em áreas urbanas.

Concebemos o caráter público e a competência municipal do serviço de saneamento, para garantir que os lucros sejam reinvestidos na expansão do sistema. Com isso, defendemos a ampliação da coleta seletiva e o desenvolvimento de soluções de compostagem para os resíduos orgânicos, e propomos a proteção das reservas hídricas, as Áreas de Preservação Permanente (APP), as Áreas de Preservação de Mananciais (APM), mangues e dunas.

Em relação ao uso dos recursos hídricos e o espaço urbano, são necessárias várias medidas, como despoluir e preservar cursos de água; apoiar a estruturação de serviços municipais de manejo de águas pluviais, com instalações que aumentem a infiltração e a retenção antes do lançamento nos cursos d'água; aumentar a segurança hídrica por meio de soluções adequadas para as diferentes regiões do país; e vincular o abastecimento de água à preservação de mananciais, nascentes e cursos d'água.

# 3. ORIENTAÇÕES PARA O DEBATE DO PROJETO BRASIL POPULAR

Nas páginas anteriores, apresentamos o esforço de síntese e um roteiro para o debate que deve ser lido como parte de uma série de subsídios, que contam também com os textos mais detalhados dos 31 Grupos de Trabalho.[2] Todos/as podem contribuir com esse debate! Ele não é teórico ou direcionado para pessoas supostamente ilustradas que dominam um tema. Nossa sugestão é que este material possa ser utilizado para estimular e auxiliar os debates sobre o Brasil que queremos. Nesse sentido, tomamos a liberdade de apresentar algumas sugestões e orientações, que seguem abaixo:

1. conformar um espaço coletivo, um "círculo de cultura", espaço de diálogo entre aprender e ensinar, onde todos e todas são sujeitos de trocas para estudo e socialização do texto;

2. avaliar se a preferência é por uma leitura coletiva (entre todos/as ou distribuídos em grupos) ou a leitura individual. Nossa sugestão é que, mesmo que a opção seja pela leitura coletiva, haja um momento de leitura individual, já que as pessoas têm ritmos diferentes de assimilação dos conteúdos;

3. acordar um método para esse estudo e debate. Sugerimos que seja dividido em duas partes:

    a. Parte 1: o Brasil que temos, ou a atualidade da crise brasileira, que pode acontecer com uma jornada de vários encontros a partir dos temas gerais, buscando também refletir quais os

---

[2] Os textos formulados pelos GTs estão disponíveis no link: www.projetobrasilpopular.org

impactos na vida de cada um ou se apresentam regionalmente e quais suas especificidades;

i. Ao fazer a leitura do texto, o coletivo pode selecionar ideias principais, frases e outros pontos que mais chamaram a atenção;

ii. Procurar métodos de debate que estimulem as contribuições pessoais, o diálogo a partir do concreto de cada realidade;

iii. Sugerimos que essas contribuições não fiquem nos detalhes, com comentários a cada parágrafo, sendo essencial o debate sobre as proposições mais centrais;

b. Parte 2: O Projeto Brasil Popular pode ser desdobrado em alguns encontros, partindo dos temas gerais, mas refletindo também sobre como isso alcança o local, as especificidades, a vida das pessoas;

4. é importante ter esse material como subsídio, mas podemos ir além: vídeos, filmes, debates virtuais e outros materiais em linguagens distintas são importantes para ajudar nos espaços e debates;

5. a sistematização dos espaços é importante para registrar as conclusões do coletivo sobre os temas propostos e para que esses espaços resultem em novas elaborações sobre os temas;

6. todos esses conteúdos e temas são muito complexos. Tratam de questões duras, dolorosas, de intensa preocupação e, em parte, até mesmo naturalizadas como problemas característicos do Brasil. Por isso, precisamos construir espaços que combinem esses temas profundos e difíceis com mística, pertença, leveza e que as pessoas saiam estimuladas a seguir debatendo a crise brasileira, os desafios de um projeto popular e o futuro do Brasil. Não são processos paralelos, mas integrados aos círculos de cultura como expressões dos conteúdos e sentimentos vivenciados em outras linguagens;

7. precisamos ter abertura e responsabilidade para construirmos as propostas a partir do diálogo com as ideias de todos/as;

8. procurar sempre ter apoio de outros grupos, pessoas que acompanharam esses debates e os materiais e subsídios disponibilizados pela Secretaria Nacional do Projeto Brasil Popular. Além desse material impresso, seguimos com o desafio de organizar, produzir e difundir outros subsídios e materiais que ajudem nesse esforço;

9. lembramos que parte desse Brasil que precisamos deve ser vivenciado desde já. Os espaços para o estudo e debates do Projeto Brasil Popular devem ser conduzidos por uma dupla facilitadora, composta por uma companheira e por um companheiro, garantindo que todos/as sejam estimulados ao debate e a contribuir. Sugerimos que as inscrições para o debate sejam feitas com alternância de gênero e que isso também seja considerado na divisão de tarefas para os temas do debate. Também devemos garantir espaços de cuidados das crianças para que os e as responsáveis por elas possam participar. Garantir que a diversidade – gênero, raça, orientação sexual, religiosidade e outras – seja respeitada e valorizada;

10. essas são sugestões de metodologia, mas também refletem questões maiores e escolhas políticas muito importantes. Por isso, não são menores do que o conjunto de temas anteriormente apresentados.

O Brasil é uma construção do povo brasileiro e contamos com todos e todas para construir a mudança!